Garnieren

Wendy Veale

GARNIEREN

Über 70 Garniervorschläge und mehr
als 20 raffinierte Rezepte

KÖNEMANN

Originalausgabe © 1989 Quintet Publishing Limited
6 Blundell Street
London N7 9BH

Originaltitel: Step-by-Step Garnishing

© 2000 für die vorliegende kleinformatige deutsche Ausgabe:
Könemann Verlagsgesellschaft mbH, Bonner Str. 126, D-50968 Köln

Übersetzung, Redaktion und Satz der deutschen Ausgabe:
Dr. Jörg Meidenbauer Verlagsbüro, München

Druck und Bindung: Midas Printing Limited
Printed in Hong Kong

ISBN 3-8290-4785-1

10 9 8 7 6 5 4 3 2 1

INHALTSVERZEICHNIS

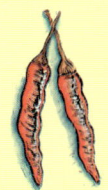

Eine gelungene Garnierung sollte einem Gericht ein ansprechendes und appetitanregendes Aussehen verleihen. Mehr noch: Sie stellt eine liebevolle Geste dar, ein Kompliment an Ihre Gäste ebenso wie an die Speise.

In der klassischen französischen Küche verwies der Name eines Gerichts auf die Zutaten des krönenden Abschlusses oder auch auf eine berühmte Stadt, ein Ereignis oder eine Person, für die es kreiert wurde. (Bei Mozart denkt der Feinschmecker sofort an mit Selleriepüree gefüllte Artischockenherzen und Kartoffelauflauf, das Ganze mit einer Pfeffersauce harmonisch abgerundet.)

Diese berühmten Gerichte wird es immer geben. Dennoch hat sich in der Kunst des Garnierens eine neue Richtung entwickelt. Die Anregungen und Ingredienzen dazu stammen aus den verschiedensten kulinarischen Kulturen – aus Japan, Mexiko, Amerika, dem Nahen Osten, Europa und dem Orient. In jeder dieser Kulturen wird von alters her sowohl der Speise als auch ihrem Genießer Respekt gezollt.

Oben: Ein köstlicher Schwan aus Brandteig (siehe Seite 63) kann mit pikanter Butter, Pastete oder Rahmkäse gefüllt und zu einem erlesenen Gericht serviert werden.

Rechts: Ananasscheiben mit Nüssen (siehe Seite 28) passen hervorragend zu Gerichten mit Schwein, Schinken und Huhn.

Gegenüber: Hellrote Peperoniblumen (siehe Seite 33) bilden einen lebhaften Farbkontrast zur zartgrünen Avocadocreme (siehe Seite 87).

Da Gerichte und ihre Zubereitung zunehmend in den Mittelpunkt des Interesses rücken (das trifft vor allem auf die Nouvelle Cuisine zu), sind dem Einfallsreichtum und der Vielseitigkeit beim Garnieren keine Grenzen gesetzt. Nach wie vor dient eine gelungene Garnierung dazu, ein Mahl ansprechend und farbenprächtig, ja sogar zu einem Kunstwerk zu gestalten.

Mit Recht wird behauptet, daß ein Gericht ein Fest für Augen und Magen sein sollte. Unterschätzen Sie daher niemals die Macht der Sinne, wenn Sie das liebevoll zubereitete Mahl servieren. All die Zeit, die Sie »schwer schuftend am Herd« verbracht haben, wird reichlich belohnt werden. Ihre Gäste werden vom Anblick, Duft und Geschmack der Gerichte begeistert sein und Ihnen ein großes Lob aussprechen.

Dieses Buch zeigt Ihnen Schritt-für-Schritt, wie Sie aus jedem Gericht ein Kunstwerk, aus jedem Mahl ein Fest machen können.

Oben: Appetitanregende Räucherlachskegel (siehe Seite 82) schmücken eine leichte Schaumspeise mit geräucherter Forelle (siehe Seite 91).

Gegenüber: Eine kunstvolle ‹Rose› aus einem zusammenhängenden Streifen Tomatenhaut und zwei Minzeblättern (siehe Seite 41).

Rechts: Ein Strauß frischer Kräuter – beispielsweise aus Thymian, Minze, Dill und Petersilie – wird mit einem Schnittlauchhalm gebunden. Als natürliche Garnierung ziert er den Rand Ihrer Servierplatte.

Aus der Vielzahl an Garnierungsmöglichkeiten wurden die interessantesten für dieses Buch herausgegriffen. Der Liste auf den Seiten 110 und 111 können Sie entnehmen, welche Garnierung zu welcher Speise paßt. Diese Liste ist jedoch nur als Vorschlag gedacht. Die folgenden Ratschläge sollen Ihnen bei der Auswahl und Kreation von Garnierungen behilflich sein.

Einige Rezepte beruhen auf altbewährten Kombinationen, darunter Zitronen zu Fisch, Äpfel zu Schwein, Salbei und Zwiebeln zu Gans und Preiselbeeren zu Truthahn. Bei anderen ist die Garnierung Bestandteil des Gerichtes: Ein Estragonhühnchen wird beispielsweise mit einem Zweig dieses aromatischen Krauts verziert.

Andere Garnierungen wiederum werden deshalb ausgesucht, weil sie zu dem eigentlichen Gericht einen Kontrast in Farbe, Konsistenz, Gehalt oder Aroma bilden: rosafarbene Garnelen als Gegensatz zum zarten Grün einer Avocadocreme; knusprige Croûtons in einer sahnigen Suppe; frischer Salat zur Pastete; eine Scheibe gewürzte Butter zum Abrunden von gegrilltem Fisch; ein Limonenkringel, der in seiner Einfachheit von einer Wildbret-Terrine absticht; gekühlte Gurke auf einem scharfen Curry.

Eine vorteilhafte Garnierung – dazu gehört auch das Geschirr – unterstreicht die Speise, statt sie zu überdecken. Zu aufwendig gearbeitete Muster lenken das Auge ab, während einfache Farben und elegante, klare Formen Ihr Kunstwerk hervorstechen lassen.

Eine Garnierung sollte leicht zu arrangieren sein, um Hektik in der letzten Minute angesichts schnell abkühlenden Essens zu vermeiden.

Wenn Sie die Ratschläge dieses Buchs beherzigen, eine ruhige Hand haben und sich von den vielfältigen Zutaten inspirieren lassen, so werden Sie sicherlich zu jedem Gericht eine perfekte, möglicherweise von Ihnen kreierte Garnierung finden.

- Die Zutaten sind nach dem metrischen System angegeben.

- Die Tee- und Eßlöffelangaben beziehen sich immer auf gestrichene Löffel.

- Ist bei einem bestimmten Gericht keine genaue Menge der Garnierung angegeben, so wird die Dosierung dem individuellen Geschmack des Kochs überlassen.

- Wenn sich ein Rezept zum Tiefkühlen eignet, so wird dies am Ende der Beschreibung angegeben.

- Einige Standardrezepte, die als wesentliche Bestandteile der Zutaten erwähnt werden (z. B. Brandteig und Béchamelsauce), finden Sie auf den Seiten 108 und 109 unter der Überschrift Grundrezepte.

- Eine vollständige Liste der Speisearten mit den dazu passenden Garnierungen finden Sie auf den Seiten 110–111.

Oben: Diese schmackhafte Terrine mit Huhn, Käse und Schnittlauch (siehe Seite 98) ist mit Blumen aus Paprikaschote und Ei verziert und mit Aspik überzogen.

Oben: Eine frische Schaumspeise aus Gurke und Rahmkäse (siehe Seite 92) wird mit Gurke und Carambola garniert.

Eine im Beutel verpackte Zitrone ist eine originelle Art, eine Zitrone zum Gericht zu servieren.

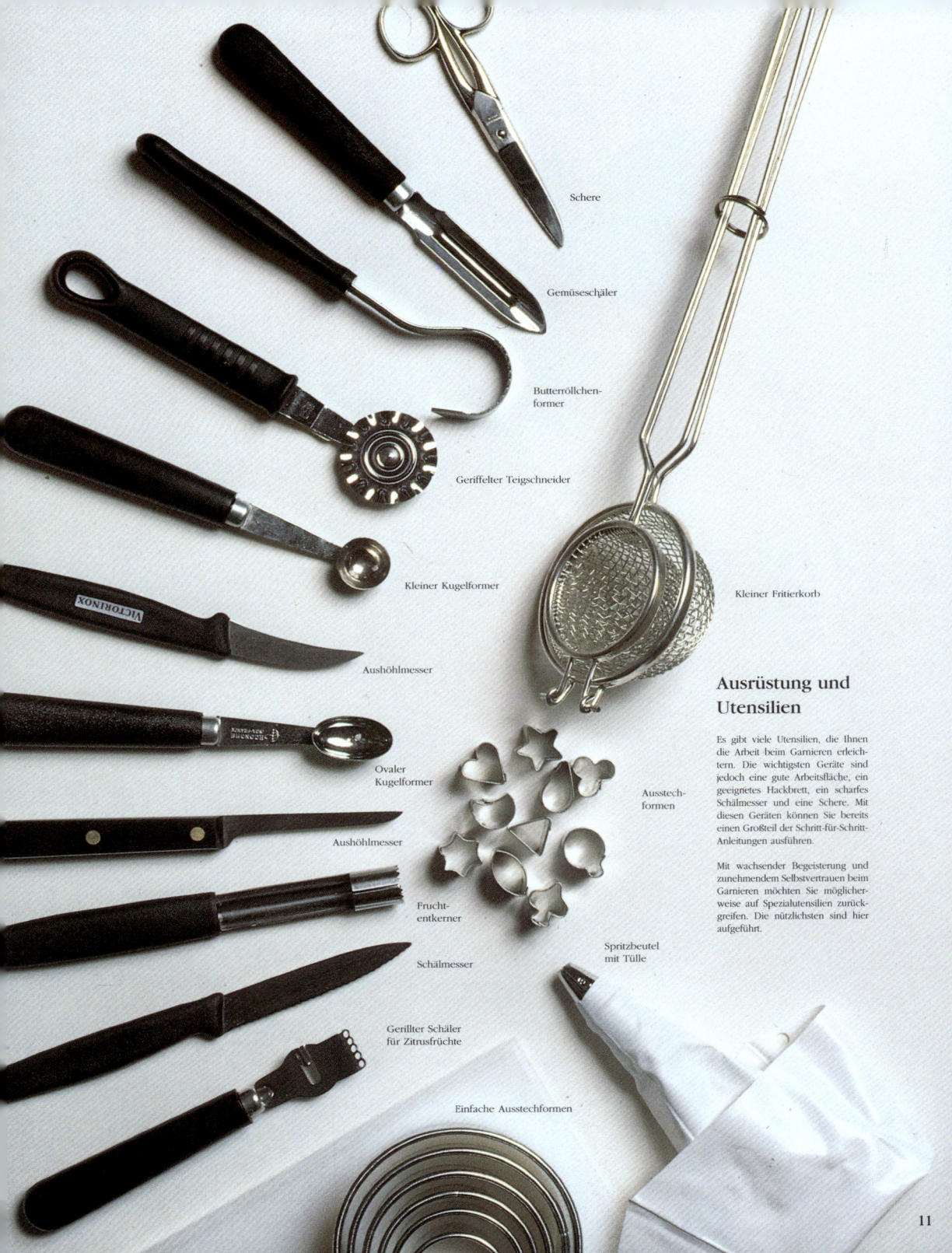

Schere

Gemüseschäler

Butterröllchen-
former

Geriffelter Teigschneider

Kleiner Kugelformer

Kleiner Fritierkorb

Aushöhlmesser

Ovaler
Kugelformer

Ausstech-
formen

Aushöhlmesser

Frucht-
entkerner

Schälmesser

Spritzbeutel
mit Tülle

Gerillter Schäler
für Zitrusfrüchte

Einfache Ausstechformen

Ausrüstung und Utensilien

Es gibt viele Utensilien, die Ihnen die Arbeit beim Garnieren erleichtern. Die wichtigsten Geräte sind jedoch eine gute Arbeitsfläche, ein geeignetes Hackbrett, ein scharfes Schälmesser und eine Schere. Mit diesen Geräten können Sie bereits einen Großteil der Schritt-für-Schritt-Anleitungen ausführen.

Mit wachsender Begeisterung und zunehmendem Selbstvertrauen beim Garnieren möchten Sie möglicherweise auf Spezialutensilien zurückgreifen. Die nützlichsten sind hier aufgeführt.

GARNIEREN MIT ZITRUSFRÜCHTEN

Zitronenhälfte mit Knoten

**DIESE
GARNIERUNG
PASST ZU:**

GERICHTEN MIT
FISCH UND
SCHALENTIEREN

GEGRILLTEM
LAMM UND
HUHN

1

Eine feste, unbehandelte Zitrone halbieren, die Enden jeder Hälfte abschneiden, damit die Zitrone einen festen Stand hat.

3

Den Streifen zu einem ansehnlichen Knoten binden (s. Foto). Variante: Wenn Sie statt der Hälften Scheiben mit Knoten bevorzugen, den oberen Teil der Zitronenhälfte mit Knoten abschneiden und mit dem Rest der Hälfte wie oben beschrieben verfahren. Außer Zitronen eignen sich auch Orangen und Limonen für diese Garnierung.

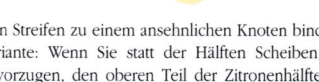

2

Mit einem scharfen Schälmesser, das leicht nach innen geneigt ist, an der Schnittfläche entlang einen 5 mm breiten Streifen der Haut beinahe bis zum Ausgangspunkt abschneiden.

Zitronenscheiben mit Einkerbungen

1

Mit einem scharfen Schälmesser oder einem gerillten Schäler für Zitrusfrüchte von einer Spitze der Zitrone zur anderen Rillen herausschälen.

3

Die Zitronenscheiben können in feingehackte, frische Kräuter gedrückt werden, bis das Fruchtfleisch damit überzogen ist.

Variante: Verwenden Sie kleine Orangen oder Limonen.

2

Zitrone in 5 mm dicke Scheiben schneiden. Sollen die Scheiben gedreht werden, so müssen sie dünner geschnitten werden (siehe S. 16).

DIESE
GARNIERUNG
PASST ZU:

PASTETEN

SCHAUMSPEISEN

GERICHTEN MIT
FISCH UND
SCHALENTIEREN

GERICHTEN MIT
LAMM UND
HUHN

OBST- UND
KÄSEKUCHEN

GETRÄNKEN
UND PUNSCH

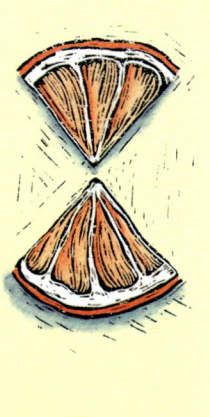

Zitronenkringel und Zitronenkegel

1

Eine große Zitrone in 5 mm dicke Scheiben schneiden, diese an einer Stelle vom Rand bis fast zum Mittelpunkt einschneiden.

3

Für den Zitronenkegel einen Trichter formen, dabei die beiden Schnittenden überlappen lassen.

2

Für den Zitronenkringel die beiden Schnittstellen in ent-gegengesetzte Richtungen drehen.

Ein kleiner Kräuterzweig in der Mitte des Kegels gibt die-ser Garnierung eine besondere Note.

Zitronenschmetterlinge

1

Eine große Zitrone in 5 mm dicke Scheiben schneiden. Jede Scheibe halbieren. Die Scheibenhälfte beinahe halbieren, jedoch nicht ganz bis zum Mittelpunkt durchtrennen.

2

Die zwei miteinander verbundenen Dreiecke wie Schmetterlingsflügel arrangieren. Mit Schnittlauch oder rotem Paprika Fühler nachahmen.

Zitronenfächer, gedreht

1

Folgen Sie der Anleitung zu Zitronenkringeln, dabei für jede benötigte Garnierung drei Scheiben schneiden.
Die Scheiben aufeinanderlegen, und die zwei äußeren Oberflächen in entgegengesetzte Richtungen drehen.

2

Die gedrehten Zitronenscheiben trennen, zu einem attraktiven Fächer formen und auf eine ganze Zitronenscheibe legen.

Variante: Die Zitronenfächer sehen noch origineller aus, wenn die Scheiben zuvor eingekerbt wurden. Kleine Orangen oder Limonen können ebenso verwendet werden.

Zitronenschmetterlinge

DIESE GARNIERUNG PASST ZU:

SCHALENTIEREN UND FISCH

SCHAUMSPEISEN UND FISCHPASTETEN

EBENSO GEEIGNET SIND ORANGEN, LIMONEN, KLEMENTINEN ODER MANDARINEN.

Zitronenfächer, gedreht

DIESE GARNIERUNG PASST ZU:

HORS D'ŒUVRES

PASTETEN UND SCHAUMSPEISEN

FISCH UND SCHALENTIEREN

BRATHÜHNCHEN

Zitrone in Schwanenform

DIESE
GARNIERUNG
PASST ZU:

SCHALENTIEREN
UND FISCH

SCHAUMSPEISEN
UND PASTETEN

EBENSO GEEIG-
NET SIND
ORANGEN,
LIMONEN UND
KLEMENTINEN
ODER
MANDARINEN
MIT FESTER
SCHALE.

1

Zitrone in 5 mm dicke Scheiben schneiden. Scheiben halbieren. Zwischen Schale und Mark der halben Scheibe einen Schnitt fast bis zum Ende ausführen.

2

Zitronenschale zu einer Schleife formen (siehe Foto), das lose Ende unter die noch mit dem Fleisch verbundene Schale stecken.

3

Die Schwäne aus Zitrone einzeln verwenden oder dekorativ in Gruppen arrangieren.

Zitrone, in einem Beutel verpackt

1

Aus einem Baumwolltuch (Mull) eine kreisförmige Fläche mit 20 cm Durchmesser herausschneiden.

2

Eine kleine Zitrone oder Limone halbieren, eine Hälfte mit der Schnittfläche nach unten in die Mitte des Tuchs legen. Die Kanten des Tuchs nach oben ziehen, so daß ein kleiner Beutel entsteht.

3

Den Beutel oben mit einem Faden zusammenschnüren, dabei die losen Enden abschneiden.

4

Die Schnürstelle des Beutels mit kleinen Zweigen frischer Kräuter verzieren.

DIESE GARNIERUNG PASST ZU:

GERICHTEN MIT SCHALENTIEREN UND FISCH SOWIE ZU GERICHTEN, FÜR DIE FRISCH GEPRESSTER ZITRONENSAFT BENÖTIGT WIRD.

DURCH DEN BEUTEL BLEIBEN DIE FINGER SAUBER. ZUDEM KANN DIE ZITRONE NICHT AUS DER HAND GLEITEN. DIESE GARNIERUNG IST LEICHT HERZUSTELLEN UND BIETET DEM AUGE EINEN BESONDEREN GENUSS.

19

Limonenkorb

DIESE GARNIERUNG PASST ZU:

KALTEN FLEISCHPLATTEN

GERICHTEN MIT SCHALENTIEREN UND FISCH

BESTIMMTEN SCHAUMSPEISEN UND TERRINEN

GERICHTEN MIT GANZEM, GEBACKENEM FISCH

1

Eine schöne Limone aussuchen und den Deckel abschneiden, damit sie einen festen Stand hat. Einen Schnitt von rechts und einen weiteren von links in Richtung Mittelpunkt der Limone ausführen, als wollten Sie sie von beiden Enden aus halbieren, dabei jedoch einen 5 mm breiten Streifen, der als Henkel dienen soll, in der Mitte stehen lassen. Dadurch werden beinahe zwei Viertel der Limone entfernt.

2

Das Fruchtfleisch, das sich in der Hälfte unter dem Henkel befindet, vorsichtig herausschneiden. Den Korb aushöhlen.

3

Den Miniaturkorb mit kleinen Kräuterzweigen, eßbarem Blattgemüse, Kringeln aus Frühlingszwiebeln (Kringel und Bögen aus Frühlingszwiebeln, S. 39) oder Peperoniblumen (S. 33) füllen.

Variante: Zum Garnieren größerer Platten kann man auch Zitronen- oder Orangenkörbe verwenden.

Orangenspalten

1

Mit einem scharfen Messer den oberen und unteren Deckel von der Frucht schneiden, um das Fruchtfleisch freizulegen. Zwischen restlicher Schale und Fleisch von oben nach unten schneiden, so daß die Schale und das weiße Mark entfernt werden.

2

Zum Entfernen jeder Spalte entlang der Haut zwischen den Spalten in die Frucht schneiden. Jede Spalte aus der Frucht herausheben, indem Sie auf beiden Seiten jeder Spalte schneiden und das Messer unter jede Spalte führen.

Hinweis: Saft, der in der Fruchtmembran verbleibt, kann ausgedrückt und für Sauce oder Bratensaft verwendet werden.

Variante: Auf diese Weise können auch Zitronen, Grapefruits und Limonen zubereitet werden. Verwenden Sie Früchte ohne Kerne.

Orangenviertel, mit Gelee gefüllt

1

Eine Orange halbieren und das Fleisch herausheben.
1 EL pulverisierte Gelatine und 3 EL Wasser in eine kleine Schüssel geben. Diese Mischung im Wasserbad leicht erhitzen, bis sich die Gelatine auflöst.
Inzwischen knapp 200 g rotes Johannisbeergelee in einem anderen Topf schmelzen lassen. Die aufgelöste Gelatine unterrühren.

2

Jede Orangenhälfte sicher auf einem Glas ablegen. Gelee in die Schalen gießen und abkühlen lassen, bis es fest wird. Zum Garnieren in Viertel schneiden.

Variante: Das rote Johannisbeergelee durch Minzgelee ersetzen und Zitronenschalen verwenden. Diese Menge ist für zwei bis drei Zitronen ausreichend.

Orangenscheiben

DIESE GARNIERUNG PASST ZU:

PASTETEN UND SCHAUMSPEISEN

FISCH-, GEFLÜGEL- UND WILDGERICHTEN

SALATEN UND KALTEN FLEISCHPLATTEN

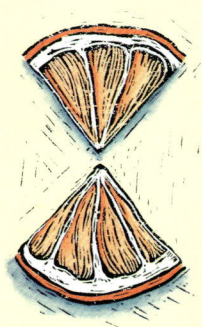

Orangenviertel, mit Gelee gefüllt

DIESE GARNIERUNG PASST ZU:

HEISSEM ODER KALTEM FLEISCH, WILD UND GEFLÜGEL – BESONDERS ZU GERICHTEN MIT LAMM, ENTE UND TRUTHAHN

21

Orange Julienne

**DIESE
GARNIERUNG
PASST ZU:**

SUPPEN

SALATEN

FLEISCH-,
GEFLÜGEL- UND
WILDBRETGE-
RICHTEN

CURRYS UND
ORIENTALI-
SCHEN
GERICHTEN

OBST- UND
KÄSEKUCHEN

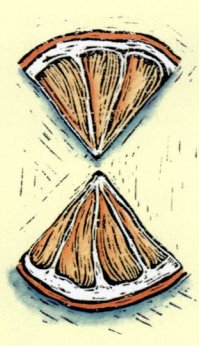

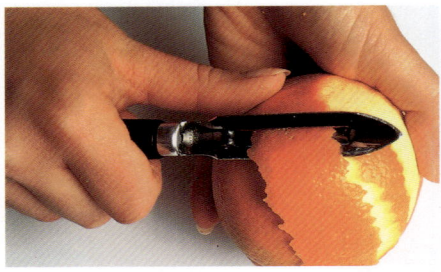

1

Mit einem Gemüseschäler oder scharfen Schälmesser die Schale dünn von der Frucht schneiden.

2

Mit der Messerspitze jegliches bittere, weiße Mark von der abgetrennten Schale abkratzen.

3

Die Schale zu einer rechteckigen Form zuschneiden und in streichhölzchenbreite Streifen schneiden.

4

Die Streifen 2–3 Minuten in kochendem Wasser blanchieren, in kaltem Wasser abschrecken und mit einem Haushaltstuch trockentupfen.

Variante: Julienne-Streifen können auch aus Grapefruits, Zitronen, Limonen oder anderen Zitrusfrüchten mit fester Haut hergestellt werden.

22

GARNIEREN MIT ANDEREN FRÜCHTEN

Apfelpfingstrose

DIESE
GARNIERUNG
PASST ZU:

PASTETEN UND
TERRINEN

HEISSEN UND
KALTEN
GERICHTEN MIT
SCHWEIN

GEMÜSE- UND
SALAT-
GERICHTEN

1

Eine Schüssel mit ausreichend gesalzenem Wasser und einer geringen Menge Zitronensaft vorbereiten. Einen Apfel der Länge nach halbieren und mit den Schnittflächen nach unten legen. Mit einem scharfen Messer die Apfelhälfte vom Rand zur Mitte in hauchdünne Scheiben schneiden.

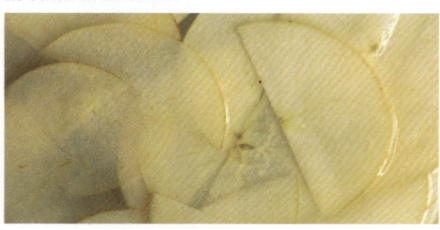

2

Die Scheiben in die Schüssel mit Wasser geben. 30 Minuten ruhen lassen. Durch das Salz erhält der Apfel eine formbare Konsistenz. Der Zitronensaft verhindert, daß sich der Apfel verfärbt.

3

Eine kleine Apfelscheibe aufrollen. Sie dient als Knospenmitte. Die Knospe mit der Schale nach unten aufstellen.

4

Die übrigen Scheiben mit der Schale nach unten 'um die Knospe drapieren. Scheiben geringfügig überlappen lassen.

5

Mit einem Streichmesser oder Fischheber die Apfelgarnierung umdrehen.

Variante: Die Pfingstrose kann ebenso aus Rettich-, Orangen- oder Zitronenscheiben oder aus Tomaten zubereitet werden.

Kiwifächer

1

Feste kleine Kiwifrüchte auswählen. Diese mit einem scharfen Messer schälen.

4

Mit der Messerspitze die Kiwischeiben vorsichtig auffächern.

2

Kiwis der Länge nach zunächst halbieren, dann vierteln.

3

Die Viertel der Länge nach in fünf oder sechs Scheiben schneiden, jedoch nicht vollkommen durchtrennen (siehe Foto).

5

Etwas Schnittlauch, ein frischer Kräuterzweig oder eine kleine Erdbeerscheibe sind das Tüpfelchen auf dem i.

DIESE GARNIERUNG PASST ZU:

SALATEN, PASTETEN UND SCHAUMSPEISEN

FISCH-, HUHN- UND WILD- GERICHTEN

KALTEN FLEISCHPLATTEN

DIESE
GARNIERUNG
PASST ZU:

KÄSEPLATTEN

HORS D'ŒUVRES

TERRINEN UND
PASTETEN

SALATEN

KALTEM FISCH,
FLEISCH UND
GEFLÜGEL

1

Für diese Miniaturweintrauben kann jede reife Melone verwendet werden. Die Melone halbieren und den Samen auslöffeln.

2

Mit dem kleinsten Kugelformer sechs Kugeln pro Garnierung ausstechen.

3

Die Kugeln auf einer Servierplatte in Dreiecksform arrangieren. Zwei kleine Koriander- oder flache Petersilienblätter, die oben angebracht werden, stellen die Weinblätter, ein Stück Schnittlauchstengel den Stiel dar.

4

Zum Garnieren von Fleisch-, Fisch- und Käseplatten können 20 bis 30 Melonenkugeln für eine größere Traube verwendet werden.

Variante: Eine geschälte Gurke ist für diese Garnierung ebenso geeignet. Auch Butterkugeln (siehe S. 73) sehen auf diese Art sehr einladend aus.

Pochierte Birnen

1

Kleine, feste, jedoch reife Birnen aussuchen. Früchte schälen. Eine Schüssel mit Wasser und einer kleinen Menge Zitronensaft vorbereiten.

Jede Birne der Länge nach halbieren. Mit einem Teelöffel oder einem kleinen Kugelformer das Kerngehäuse herausnehmen und so einen kleinen Hohlraum formen.

Eine kleine Scheibe vom Boden der Birnenhälfte abschneiden, damit sie einen festen Stand erhält. Birnen einstweilen in das vorbereitete Wasser-Zitronen-Gemisch legen.

2

Einen leichten Zuckersirup herstellen, indem Sie 125 g Zucker in 300 ml Wasser und 1 EL Zitronensaft bei niedriger Hitze auflösen, dann 2–3 Minuten kochen. Birnen zugeben und leicht sieden lassen, bis sie weicher geworden sind. Je nach Reife der Früchte dauert das 10–15 Minuten.

Die Früchte auf Haushaltspapier abtropfen lassen und entweder warm halten oder vor dem Verzehr abkühlen lassen.

3

Die Aushöhlung entweder mit gehackten Nüssen und getrockneten Früchten oder mit gewürzter Butter nach Ihrem Geschmack (siehe S. 72) und frischen Kräutern füllen.

Variante: Äpfel können in gleicher Weise pochiert und gefüllt werden. Sie sollten zuerst geschält werden. Oben und unten eine Scheibe abschneiden, so daß ca. $2/_3$ des Apfels übrigbleiben. Mit einem kleinen, scharfen Messer oder Entkerner das Kerngehäuse entfernen und einen Hohlraum formen.

DIESE GARNIERUNG PASST ZU:

GERICHTEN MIT SCHWEIN, ENTE, GANS UND WILD (BESONDERS, WENN SIE GEBRATEN SIND)

POCHIERTEN FISCHGE-RICHTEN

KÄSEGERICHTEN

Ananasscheiben mit Nüssen

**DIESE
GARNIERUNG
PASST ZU:**

**GERICHTEN MIT
SCHWEIN,
SCHINKEN UND
HUHN**

1

Eine kleine, reife, dennoch feste Ananas auswählen. In 1,5 cm dicke Scheiben schneiden. Mit einem kleinen, einfachen Teigschneider den Strunk der Ananas entfernen. Mit einem großen Schneider die äußere Haut entfernen.

3

Mit Mandelblättchen oder Kokosnußraspeln überziehen und in Butter oder Öl fritieren, bis die Scheiben eine goldene Farbe annehmen. Scheiben auf Haushaltspapier trocknen.

2

Die Ananasscheiben mit Mehl bestäuben und in geschlagenem Ei wenden.

4

Servieren; falls gewünscht, die Aushöhlung in der Mitte mit Erdbeer- oder Maraschinokirschenscheiben oder einem frischen Kräuterzweig garnieren.

Variante: Auch Äpfel können auf diese Weise zubereitet werden.

Glasierte Johannisbeeren

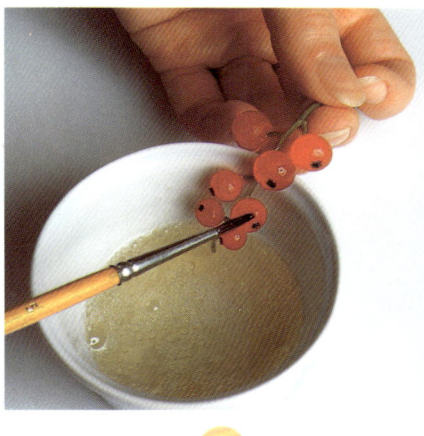

1

Reife Johannisbeeren oder andere rote Beeren (z. B. Preiselbeeren) verwenden. Die Beeren in kleine Sträuße unterteilen und mit geschlagenem Eiweiß bestreichen.

3

Die Johannisbeertrauben auf einem Kuchengitter sorgfältig trocknen lassen.

2

Die Früchte leicht mit sehr feinem Zucker bestreuen.

4

Die Trauben arrangieren und mit kleinen Minzblättern garnieren.

Variante: Auf die gleiche Art können schwarze und grüne Trauben verwendet werden. Die Garnierung für ein Dessert mit viel Zucker bestreuen.

Carambola (sternförmige Frucht)

DIESE
GARNIERUNG
PASST ZU:

TERRINEN UND
PASTETEN

GERICHTEN MIT
HUHN UND
SCHWEIN

KALTEN
FLEISCHPLATTEN

1

Durch ihre einzigartige Form ist diese Frucht als natürliche Garnierung bestens geeignet.
Die Frucht sollte möglichst unbeschädigt sein. Verfärbte oder beschädigte Stellen in der Haut vorsichtig abschaben.

2

Die Frucht in etwa 5 mm dicke Scheiben schneiden.

3

Die sternförmige Frucht allein oder in Kombination mit anderen Früchten, wie z. B. Kiwis, verwenden oder eine Blume mit Schnittlauch als Stengel und Kräutern als Blätter arrangieren.

GARNIEREN MIT SALATGEMÜSE

Karotten- und Gurkenkringel

DIESE
GARNIERUNG
PASST ZU:

SUPPEN

SALATEN

HORS
D'ŒUVRES UND
FLEISCHPLATTEN

FISCH UND
PIKANTEN
SCHAUMSPEISEN

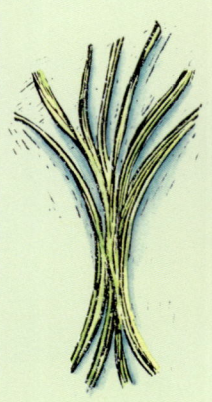

1

Nur frisches Gemüse verwenden. Mit einem Gemüse-schäler dünne, gleichmäßige Streifen abschälen. Für Gurkenkringel kann nur die dunkelgrüne Schale verwen-det werden. Für Karottenkringel läßt sich das ganze Gemüse verwerten.

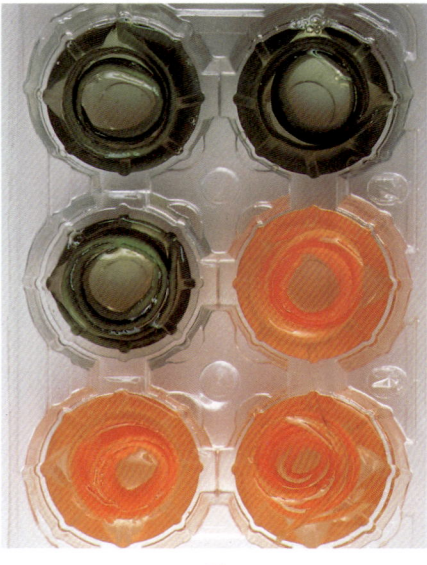

2

Die Scheiben aufrollen, mit einem Cocktail-Stäbchen fixie-ren und in eine Schüssel geben.

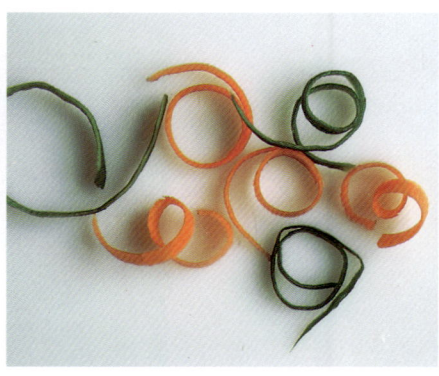

3

Das Gemüse kann auch in Eiswürfel- oder Eierbehältern aus Plastik aufbewahrt werden. Mit kaltem Wasser bedecken und die Schüssel bzw. die Behälter 6–24 Stun-den in den Kühlschrank stellen.

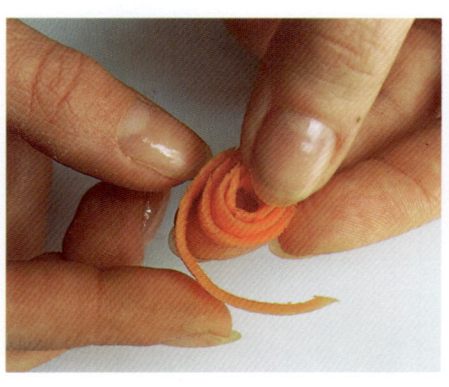

4

Wasser abgießen, Cocktail-Stäbchen entfernen, das Ge-müse aufrollen und zu ansprechenden Kringeln formen.

Salat au Chiffon

1

Die großen, äußeren Blätter eines knackigen Salats (z. B. Eisbergsalat) gründlich waschen. Die Blätter aufeinanderstapeln und eng zusammenrollen, so daß eine zigarrenförmige Rolle entsteht. Mit einem scharfen Messer den Salat sehr fein schneiden.

2

Den zerkleinerten Salat in ein Sieb geben und mit frisch gekochtem Wasser zum Blanchieren übergießen. Unter kaltem Wasser abschrecken.

3

Den Salat kurz vor dem Servieren auf die Suppe streuen.

Peperoniblumen

1

Für diese Garnierung wird das Stielende einer kleinen roten oder grünen Peperoni verwendet. Die Peperoni auf die gewünschte Länge kürzen. Mit einem kleinen Schälmesser das Kerngehäuse und die Samenkerne entfernen.

2

Den Rand der Peperoni mit einer Schere einschneiden, so daß Blumenblätter entstehen. Die Spitzen der Blätter auf einen Punkt zulaufen lassen.

3

Die Peperoniblumen 60–90 Minuten in Eiswasser legen, bis die Blumen »aufblühen«.

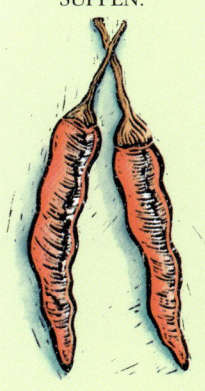

Gurkenfächer und -lilien

DIESE
GARNIERUNG
PASST ZU:

SCHAUMSPEISEN
UND PASTETEN

GERICHTEN MIT
KALTEM FISCH
UND KALTEN
MEERES-
FRÜCHTEN

KALTEN
FLEISCHPLATTEN

GEMÜSE- UND
REISSALATEN

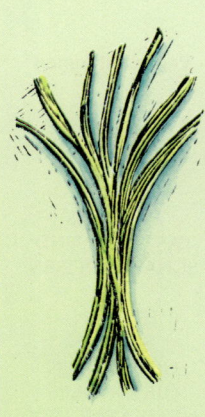

1

Zur Zubereitung eines Gurkenfächers ein 8 cm langes Stück von einer Gurke abschneiden. Das Stück der Länge nach halbieren. Dann eine der Hälften längs tief einschneiden, um die Kerne zu entfernen.

4

5–10 papierdünne Scheiben in Richtung Gurkenspitze schneiden (siehe Foto), jedoch nicht vollkommen durchtrennen. Die letzte Scheibe ganz abschneiden, um den Fächer von der verbleibenden Gurke zu trennen.

2

Mit einem scharfen Schälmesser oder geriffelten Schneider V-förmige Rillen entlang der Gurkenaußenseite herausschälen.

5

Mit der flachen Seite der Messerklinge die Gurkenscheiben sanft nach unten drücken, um sie »aufzufächern«.

3

Gurke auf die flache Seite legen. Mit einem scharfen Messer eine Ecke diagonal an einem Ende der Gurke abschneiden. Das verbleibende, spitze Ende bildet die Spitze des Fächers.

1

Zur Zubereitung der Gurkenlilie wird zunächst ein Fächer aus sieben Scheiben gemäß obiger Anleitung hergestellt. Die zweite, vierte und sechste Scheibe nach innen biegen. Die Lilie nach oben aufgefächert arrangieren.

Knospe und Margerite aus Radieschen

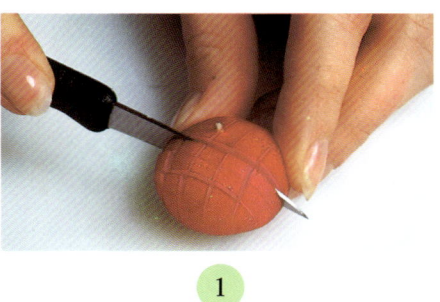

1

Ein rundes, unbeschädigtes Radieschen auswählen. Waschen und eine dünne Scheibe vom Stielende abschneiden. Radieschen umdrehen. Mit einem scharfen Schälmesser 4 vertikale und 6 horizontale Schnitte bis zum Radieschenboden ausführen; dabei Radieschen nicht durchschneiden.

2

Die »Knospe« in Eiswasser legen, wo sie sich binnen 30–60 Minuten öffnen wird.

1

Für die Margerite ein Radieschen wie links beschrieben zubereiten. Dann mit einem Schälmesser vom oberen Mittelpunkt des Radieschens bis annähernd zum Stielende die rote Haut 4–6mal blattförmig einschneiden. Die roten »Blumenblätter« mit der Messerspitze lösen, die unteren Enden jedoch nicht abtrennen.

2

Die »Margerite« in Eiswasser legen, wo sie sich binnen 30–60 Minuten öffnen wird.

DIESE GARNIERUNG PASST ZU:

PASTETEN UND TERRINEN

SALATEN UND KALTEN FLEISCHPLATTEN

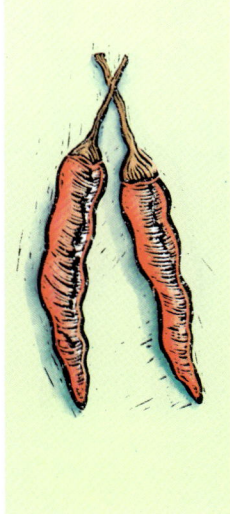

Grüne, rote und gelbe Paprikaschoten

DIESE
GARNIERUNG
PASST ZU:

HORS D'ŒUVRES
UND
APPETITHAPPEN

ASPIK-
GERICHTEN

TERRINEN,
PASTETEN UND
SCHAUMSPEISEN

EIERGERICHTEN

KALTEN
FLEISCHPLATTEN

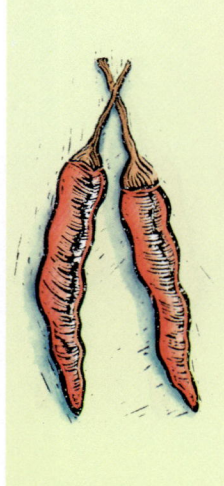

1

Die bunten und glänzenden, süßen Paprikaschoten eignen sich hervorragend für dekorative Zwecke. Sie bringen Farbe auf jeden Tisch.
Die Schoten säubern und eine ausreichend dicke Scheibe an jedem Stielende abschneiden.

2

Das weiße Mark und die Samen mit einem Messer entfernen. Die Paprikaschote quer oder längs in Scheiben schneiden und phantasievolle Formen je nach Geschmack ausstechen.

Essiggurkenfächer — Blumen aus Frühlingszwiebeln

Essiggurkenfächer

DIESE
GARNIERUNG
PASST ZU:

PASTETEN,
TERRINEN UND
SCHAUMSPEISEN

EIER- UND
FLEISCH-
GERICHTEN

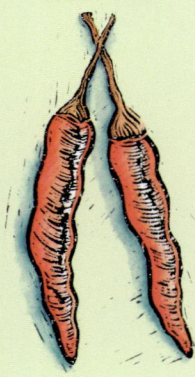

**Blumen aus
Frühlingszwiebeln**

DIESE
GARNIERUNG
PASST ZU:

PASTETEN,
TERRINEN UND
SCHAUMSPEISEN

CHINESISCHER
UND ORIENTALI-
SCHER KÜCHE

FLEISCH-
GERICHTEN

SALATEN UND
GEMÜSE-
GERICHTEN

Essiggurkenfächer

1

Gurken abtropfen lassen. Die Essiggurke der Länge nach fünfmal parallel ein-, jedoch nicht durchschneiden.

2

Die Scheiben mit der flachen Seite einer Messerklinge auseinanderdrücken, damit ein Fächer entsteht. Einen eingelegten roten Paprikastreifen als dekoratives Band um den Hals des Gurkenfächers legen.

Blumen aus Frühlingszwiebeln

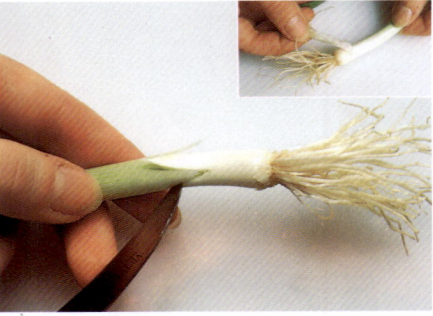

1

Frühlingszwiebeln mit großen Knollen (Wurzelenden) aussuchen. Waschen und die Schalen entfernen. Mit einem Schälmesser 4–5 nebeneinanderliegende, V-förmige Einschnitte bis zur Mitte der Knolle vornehmen.

2

Das eingeschnittene Knollenende vorsichtig von der übrigen Zwiebel (die für andere Garnierungen oder Salate verwendet werden kann) trennen. Mit der Messerspitze oder den Fingern die Blumenblätter sorgfältig trennen. Zwiebelblumen in Eiswasser legen, wo sie in einer Stunde »aufblühen« werden.

Variante: Kleine Schalotten oder eingelegte Zwiebeln statt Frühlingszwiebeln verwenden.

Kringel und Bögen aus Frühlingszwiebeln

1

1

Für Kringel aus Frühlingszwiebeln mittelgroße Zwiebeln aussuchen. Die Wurzeln abschneiden und die rauhen, äußeren Schalen entfernen. Die Zwiebeln auf ca. 10 cm Länge kürzen.
Mit einem scharfen Messer die Zwiebeln der Länge nach bis zu 4 cm vor dem Wurzelende einschneiden. Um 90° drehen und erneut der Länge nach einschneiden (dabei die Zwiebeln am besten zwischen Daumen und Zeigefinger halten). Die Zwiebeln möglichst oft einschneiden.

Für Bögen aus Frühlingszwiebeln mittelgroße Zwiebeln aussuchen. Die rauhen, äußeren Schalen entfernen. Wurzel, Knolle und 1 cm der Zwiebel (auf der Knollenseite) abschneiden. Zwiebel auf ca. 10 cm Länge kürzen. Die Zwiebel von beiden Enden her einschneiden. Die Einschnitte sollten beinahe bis zur Mitte verlaufen; 2 cm in der Mitte aussparen. Wie bei den Kringeln die Zwiebel drehen und mit weiteren feinen Einschnitten versehen. Dadurch erhält sie die Form einer »Fliege«.

DIESE
GARNIERUNG
PASST ZU:

CHINESISCHER
KÜCHE

FLEISCH-
GERICHTEN

PIKANTEN
DIP-SAUCEN

EIER- UND
REISGERICHTEN

SALATEN

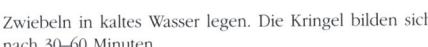

2

Zwiebeln in kaltes Wasser legen. Die Kringel bilden sich nach 30–60 Minuten.

Tomatenkrabben

DIESE
GARNIERUNG
PASST ZU:

PASTETEN,
SCHAUMSPEISEN
UND TERRINEN

EIERGERICHTEN

BEINAHE ALLEN
KALTEN
FLEISCHPLATTEN

FISCH- ODER
GEMÜSE-
GERICHTEN

1

Eine feste, reife Tomate auf das Stielende legen. Auf einer Seite beginnend die Tomate in Abständen von ca. 5 mm einschneiden, jedoch nicht bis zum Boden durchschneiden.

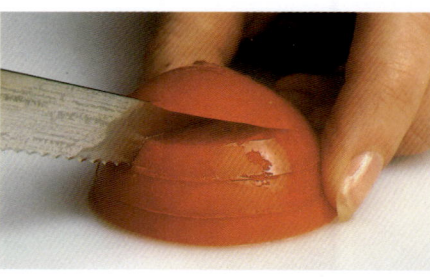

3

Die verbundenen Tomatenscheiben mit der Haut nach oben auf die Arbeitsfläche legen. Die oberste Scheibe vorsichtig anheben. Mit einem kleinen Messer die darunter liegenden Scheiben in der Mitte durchschneiden.

2

Bei der vierten Scheibe die Tomate ganz durchschneiden und somit die miteinander verbundenen Scheiben von der anderen Tomatenhälfte trennen. Mit einem Teelöffel die Samenkerne auslöffeln.

4

Mit der flachen Seite einer Messerklinge die Scheiben auseinanderdrücken und so eine Krabbe formen. Aus der anderen Tomatenhälfte eine zweite Krabbe herstellen.

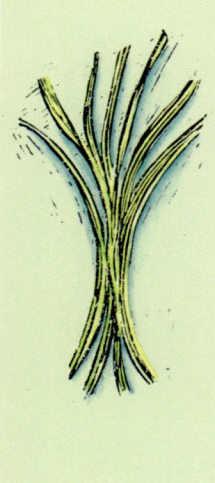

Tomatenrose

1

Mittelgroße, feste und reife Tomaten auswählen. Einen papierdünnen, 1,5 cm breiten Streifen aus der Tomatenhaut schneiden. Dabei beginnen Sie an der dem Stielende gegenüberliegenden Seite und schneiden, ohne abzusetzen, kreisförmig um die Tomate herum bis die Haut ganz von der Tomate abgetrennt ist und eine Spirale bildet.

2

Das Ende des Streifens stellt die Rosenmitte dar. Den Streifen mit der Haut nach außen vorsichtig um sich selbst drehen.

3

Den Streifen zu einer Rose formen. Die unteren »Blütenblätter« weiter öffnen als die oberen. Zwei Lorbeer- oder Minzblätter verleihen der Rose den letzten Schliff.

DIESE GARNIERUNG PASST ZU:

SCHAUMSPEISEN, PASTETEN UND TERRINEN

BEINAHE ALLEN KALTEN FLEISCHPLATTEN

FISCH- ODER GEMÜSE-GERICHTEN

EIERGERICHTEN

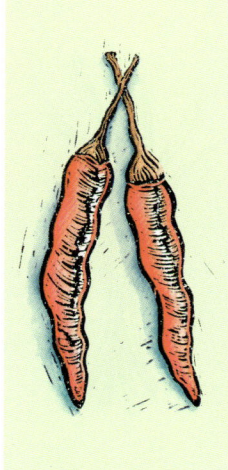

Tomatentulpe

DIESE GARNIERUNG
PASST ZU:

SALATEN

KALTEN
FLEISCHPLATTEN

PASTETEN UND
SCHAUMSPEISEN

ORIENTALISCHEN
GERICHTEN

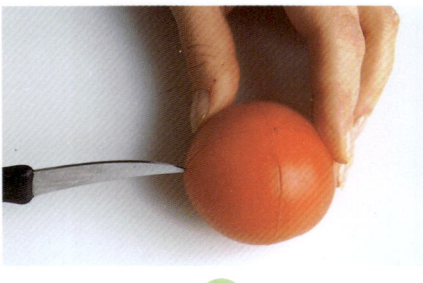

1

Auf der oberen Hälfte der Tomate Viertelsegmente in die
Haut einritzen, ohne dabei in die Tomate zu schneiden.

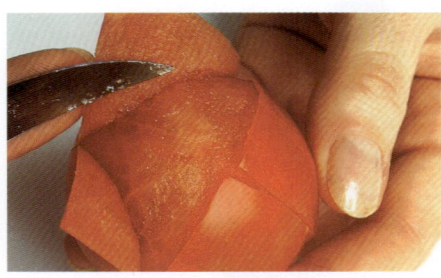

2

Mit einem Schälmesser die eingeritzten Hautviertel vorsichtig vom Tomatenfleisch lösen.

3

Mit einem hölzernen Stäbchen vorsichtig eine kleine Öff-
nung in die obere Mitte der Tomate stechen.

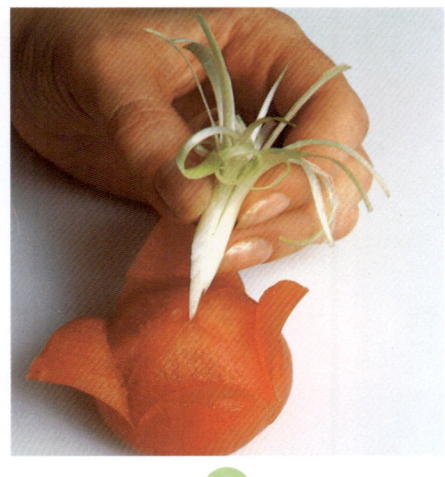

4

Eine Frühlingszwiebel zurechtschneiden und der Länge
nach einschneiden. In kaltes Wasser legen, bis sich die
Zwiebel kringelt (siehe S. 39). Das weiße Ende des Krin-
gels so zurechtstutzen, daß es in die Tomate paßt (siehe
Foto).

Variante: Statt der Frühlingszwiebel einen Dill- oder
Fenchelzweig verwenden.

Zwiebelringe | Zwiebelchrysantheme

1

Feste, mittelgroße, rote, weiße oder braune Zwiebeln aussuchen. Die äußere Schale abziehen. Zwiebel auf die Längsseite legen und in ca. 5 mm dicke Scheiben schneiden. Zwiebelringe voneinander trennen.

2

Zwiebelringe mit rotem Pfeffer, Gelbwurz oder mildem Currypulver bestäuben. Oder Ringe in feingehackter Petersilie wenden, bis sie gleichmäßig überzogen sind.

1

Eine kleine, feste, weiße oder rote Zwiebel aussuchen. Die äußere Schale abziehen. Stengel und Wurzel entfernen. Die Zwiebel mit einem kleinen, scharfen Messer in Abständen von 5 mm kreuz und quer einschneiden. Nicht ganz bis zum Boden durchschneiden.

2

Einige Zwiebelstücke herausfallen lassen (und entfernen). Zwiebel vorsichtig in die Form einer Chrysantheme bringen.

3

Chrysanthemen einzeln oder in Gruppen arrangieren und mit zwei Lorbeerblättern garnieren.

Variante: Nach Wunsch kann der Zwiebelrand mit Lebensmittelfarbe rosa gefärbt werden. Auch aus Schalotten und eingelegten Zwiebeln können kleine Chrysanthemen zubereitet werden.

Zwiebelringe

DIESE GARNIERUNG PASST ZU:

TERRINEN

SCHARF GEWÜRZTEN GERICHTEN GEMÜSE- UND EIERGERICHTEN

KALTEN FLEISCHPLATTEN

SALATEN

Zwiebel-chrysantheme

DIESE GARNIERUNG PASST ZU:

TERRINEN UND PASTETEN

KALTEN FLEISCHPLATTEN

FLEISCH-PASTETEN

SALATEN

Rettichblume

DIESE
GARNIERUNG
PASST ZU:

PASTETEN,
TERRINEN UND
SCHAUMSPEISEN

CHINESISCHEN
UND ORIENTALI-
SCHEN
GERICHTEN

KALTEN
FLEISCHPLATTEN

SALATEN

GEMÜSE-
GERICHTEN

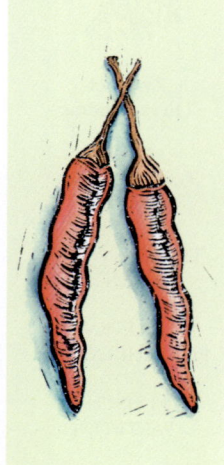

1

Blattstengel und große Blätter abschneiden.

4

Rettichscheiben 30 Minuten in Salzwasser legen. Danach sind sie leicht zu formen.

2

Die kleinen inneren Blätter in kaltem Wasser einweichen.

5

Jede Scheibe bis zum Scheibenmittelpunkt einschneiden. Die eingeschnittenen Scheiben zu Blütenblättern formen (siehe Foto).

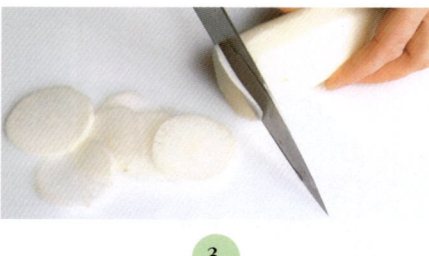

3

Rettich schälen. Pro Blume drei papierdünne Scheiben schneiden.

6

Die Scheiben aufeinanderlegen, so daß eine geöffnete Blumenblüte entsteht. Ein oder zwei Zweige der getrockneten inneren Blätter unter die Blume stecken.

Hinweis: Soll eine größere Blume hergestellt werden, beispielsweise als Blickfang auf einer Fleischplatte, acht Scheiben eines großen Rettichs verwenden. Dabei jedes Blumenblatt in die Form eines eingedrückten Tellers bringen.

GEMÜSEGARNIERUNGEN

Spargelspitzen mit Parmaschinken

DIESE
GARNIERUNG
PASST ZU:

SCHAUMSPEISEN,
PASTETEN UND
GEMÜSE-
TERRINEN

EIERGERICHTEN

KALTEN
FLEISCH- UND
FISCHPLATTEN

TOASTS ALS
APPETITHAPPEN

1

Zarte, junge und frische Spargelspitzen aussuchen oder hochwertige Spargelspitzen aus der Dose verwenden. Spitzen in 5 cm lange Stücke schneiden. Spargel kochen bis er *al dente* ist. Abtropfen lassen und in Eiswasser abschrecken. Erneut gut abtropfen lassen.

3

Die Spargelrollen mit dem Saum nach unten ablegen. Leicht mit Aspik (siehe S. 76) oder mit in Brühe bzw. Wein aufgelöster Gelatine glasieren.

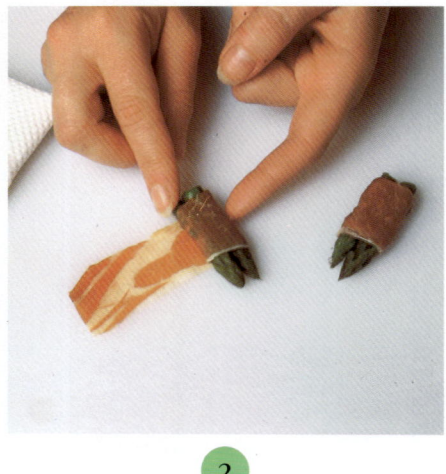

2

Den Parmaschinken in Streifen schneiden. Die Streifen müssen so lang sein, daß sie zweimal um eine oder zwei Spargelspitzen gewickelt werden können. ²/₃ des Spargels sollten von dem Schinken bedeckt sein, so daß nur die Spitzen zu sehen sind.

4

Jede Rolle mit frischem Schnittlauch garnieren. Winzige, aus hartgekochtem Ei ausgestochene Formen auf die Rollen setzen, darauf Kaviar oder Kaviarersatz geben.

Fritierte Sellerieblätter

1

Einen grünen, blättrigen Selleriekopf auswählen. Äußere, rauhe Blätter und die Stiele beseitigen. Kleine Blattzweige lösen, falls erforderlich waschen und trocknen.

2

Öl zum Fritieren auf 190 °C vorheizen. Die Blattzweige im heißen Öl 1–2 Minuten fritieren, bis die Blätter eine goldbraune Farbe annehmen und knusprig sind (brüchige Blätter mit dem Stiel beseitigen).

3

Auf Haushaltspapier abtropfen lassen. Mit einer Schere die Stiele unter den ersten Blättern abschneiden.

4

Blätter leicht mit rotem Pfeffer bestäuben. Auch lange, dünne Gurkenstreifen sind eine reizvolle Zugabe. Sofort als Garnierung verwenden.

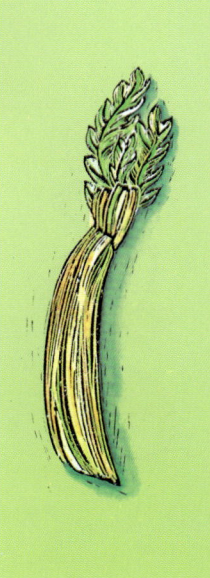

Zucchiniboote

DIESE
GARNIERUNG
PASST ZU:

HEISSEM UND
KALTEM FLEISCH

GEMÜSEGERICH-
TEN

EIER- UND
FISCHGE-
RICHTEN

1

Große, grüne Zucchini auswählen. Jede der Länge nach halbieren und in 7 cm lange Stücke schneiden. Mit einem kleinen, scharfen Schälmesser die Enden so zuschneiden, daß die
Form eines Bootes entsteht.

2

Von der Unterseite eine dünne Scheibe abschneiden, damit
das »Boot« nicht »kentern« kann. Mit einem Teelöffel oder
Grapefruitmesser das Zucchiniboot aushöhlen, dabei 5 mm
Rand stehen lassen. Mit den übrigen Zucchini ebenso verfahren.

3

Kleine, farbenprächtige Gemüsestücke vorbereiten –
Karotten, kleine Maiskolben, Scheiben junger Pilze, Erbsen.
Zucchiniboote und Gemüse in kochendem Salzwasser blanchieren, bis sie *al dente* sind. Trocknen lassen und in Butter
wenden, wenn die Garnierung heiß serviert werden soll.

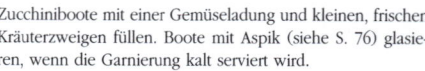

4

Zucchiniboote mit einer Gemüseladung und kleinen, frischen
Kräuterzweigen füllen. Boote mit Aspik (siehe S. 76) glasieren, wenn die Garnierung kalt serviert wird.

Kringel aus Rettich

1

3

Kleinen Rettich oder kleine, zarte rote Bete auswählen. Die grünen Stielblätter bis auf 12 cm abschneiden. Den Rettich 5 cm unter dem Stielende durchschneiden, damit die Garnierung einen festen Stand erhält.

Dann jeden Stengel der Länge nach bis zu 2,5 cm vor dem Rettichboden durchschneiden (jeder Stengel ist nun halbiert).

2

4

Mit einem kleinen, scharfen Messer jeden Stengel der Länge nach diagonal einschneiden.

Stengel in eine Schüssel mit Eiswasser legen. Nach kurzer Zeit rollen sich die halbierten Stengel auf und ergeben so eine ansprechende Garnierung.

DIESE GARNIERUNG PASST ZU:

PASTETEN UND TERRINEN

PLATTEN MIT FLEISCH UND HORS D'ŒUVRES

GEMÜSE- UND SALATGE-RICHTEN

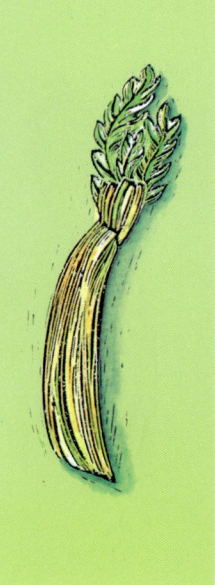

Grüne Bänder aus Lauch

DIESE
GARNIERUNG
PASST ZU:

SUPPEN

EIER- UND
GEMÜSEGE-
RICHTEN

GEGRILLTEM
(GEBRATENEM)
FLEISCH UND
FISCH

IN DER
KASSEROLLE
SERVIERTEN
GERICHTEN UND
SAUCEN

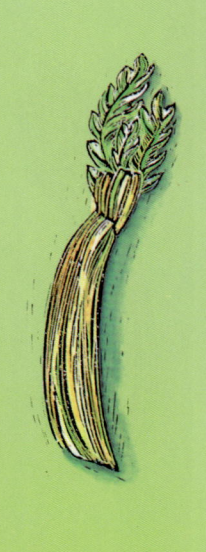

1

Zarten, jungen Lauch auswählen. Grobe, äußere Blätter abschneiden und sorgfältig waschen. Den weißen Teil am unteren Ende des Lauchs abschneiden. (Er kann in Scheiben geschnitten als Gemüse oder Suppeneinlage verwendet werden.)

2

Mit einem scharfen, spitzen Messer den Lauch der Länge nach halbieren. Die einzelnen Lagen voneinander trennen und der Länge nach in 5 mm breite Bänder schneiden.

3

Die Bänder in kochendem Salzwasser 30–40 Sekunden blanchieren. Abtropfen lassen. Mit Butter glasieren, wenn die Garnierung heiß serviert wird. Ansonsten in Eiswasser abschrecken und sorgfältig abtropfen lassen.

Pilzhüte

1

Frische, weiße, mittelgroße, junge Pilze aussuchen. Mit einem feuchten Tuch abwischen.
Den Pilzstiel in einer Hand, die Klinge eines scharfen Schälmessers zwischen Daumen und Zeigefinger der anderen halten. Den Pilzhut vom oberen Mittelpunkt zum Boden mehrmals sichelförmig einschneiden. Bei jeder Rille darauf achten, daß der zweite Einschnitt flachwinkliger verläuft, damit sich das Pilzstück leicht herauslösen läßt.

2

Den Pilzstiel abschneiden. Die Pilze in eine Schüssel mit Wasser und einem Spritzer Zitronensaft geben. Durch die Zitrone bleibt die Farbe erhalten, während Sie die restlichen Pilze zubereiten.

3

Pilze abtropfen lassen. In Butter sautieren oder roh als Garnierung verwenden.

Kartoffelstreichhölzer

1

Einige festkochende Kartoffeln schälen und in dünne, ca. 3 mm dicke Scheiben schneiden. Die Scheiben stapelweise zu 4 cm langen Rechtecken oder Quadraten zurechtschneiden; diese in Abständen von 3 mm durchschneiden, damit kleine, streichholzförmige Streifen entstehen.
Diese mindestens 30 Minuten in kaltem Wasser einweichen. Abtropfen lassen und sorgfältig trocknen.

2

In heißem Öl (190 °C) einige Minuten fritieren, bis die Kartoffelstreichhölzer eine hellbraune Farbe annehmen.

3

Auf Haushaltspapier abtropfen lassen, mit Salz bestreuen und sofort servieren.

Pilzhüte

DIESE GARNIERUNG PASST ZU:

FLEISCH- UND GEFLÜGEL-GERICHTEN

GERICHTEN MIT EIERN, REIS UND TEIGWAREN

PASTETEN, SALATEN, KALTEN FLEISCH- ODER GEFLÜGEL-PLATTEN

Kartoffelstreichhölzer

DIESE GARNIERUNG PASST ZU:

HEISSEN WILD- UND FLEISCHGE-RICHTEN

GEGRILLTEM (GEBRATENEM) FLEISCH UND FISCH

Kartoffelkörbe und -nester

DIESE
GARNIERUNG
PASST ZU:

HEISSEN
GEFLÜGEL- UND
WILDGERICHTEN

GEGRILLTEM
(GEBRATENEM)
ODER POCHIER-
TEM FISCH

1

Zur Zubereitung von Kartoffelkörben festkochende Kartoffeln schälen und in sehr dünne Scheiben schneiden. Mit einem Gemüseschäler erhalten Sie sehr feine, gleichmäßig geschnittene Scheiben. Zur Zubereitung von Kartoffelnestern die Kartoffeln reiben oder in äußerst dünne, strohhalmförmige Streifen schneiden. Kartoffeln 30 Minuten in kaltem Wasser einweichen. Abtropfen lassen und sorgfältig trocknen. Einen kleinen Fritierkorb in heißes Öl tauchen. Dann die Kartoffelscheiben oder -streifen so in dem Fritierkorb anordnen, daß sie sich überlappen.

2

Den Kartoffelkorb oder das Kartoffelnest in heißem Öl (180 °C) fritieren, bis die Kartoffeln eine goldgelbe Farbe annehmen. Fritierkorb aus dem Öl nehmen und abtropfen lassen. Das Ganze leicht abkühlen lassen, dann vorsichtig die Kartoffeln herausnehmen.

3

Die erforderliche Menge an Körben oder Nestern zubereiten. In einem heißen Herd (200 °C) aufwärmen oder nochmals wie oben angegeben fritieren, bis die Kartoffeln einen dunklen Goldton annehmen.

4

Mit jungen Pilzen, Zwiebeln, glasiertem oder püriertem Gemüse oder Speckröllchen (siehe S. 79) füllen und sofort servieren.

Kartoffelbällchen

1

Fertigen Kartoffelbrei durch ein Sieb drücken. Pro 500 g Kartoffeln 1 Eigelb unterrühren. Mit Salz, Pfeffer und einer Prise frisch geriebener Muskatnuß würzen.

4

Die Bällchen mit zwei Gabeln in Semmelbröseln wenden. Wahlweise können sie auch in Mandelblättchen oder gehackten Haselnüssen gewendet werden.

2

Einen Löffel der Kartoffelmischung nehmen und zwischen den leicht mit Mehl bestäubten Händen rollen, bis ein glatter Ball in der Größe einer Kirsche entsteht. Wenn die Bällchen die gleiche Größe haben sollen, jeden Löffel der Kartoffelmischung abmessen oder wiegen. So fortfahren, bis Sie ausreichend viele Bällchen haben.

5

Die Kartoffelbällchen in heißem Fett (180 °C) fritieren, bis sie eine goldbraune Farbe annehmen. Auf Küchenpapier abtropfen lassen. Bis zum Verzehr warm halten.

3

Jedes Kartoffelbällchen in geschlagenem Ei wälzen.

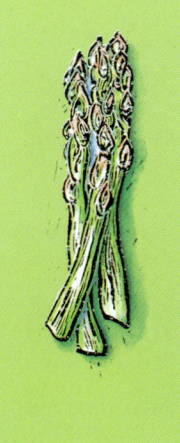

Bündel à la Julienne

1

Eine farbenfrohe Auswahl an Gemüsesorten aussuchen, z. B. Zucchini, Karotten, Sellerie, grüne Bohnen und gelbe Kohlrüben. Gemüse schälen und in dünne Streifen à la Julienne schneiden: 6 cm x 5 mm x 5 mm.

2

Das Gemüse à la Julienne in kochendem Wasser 1 Minute blanchieren. Abtropfen lassen und mit Butter glasieren, wenn es heiß serviert wird. Ansonsten in Eiswasser abschrecken und abtropfen lassen.

3

Das Gemüse mit einem Zwiebelring oder einem dünnen Schnittlauchhalm, der geknotet wird, bündeln.

Gemüsespiralen

1

Kleine, zärte Gemüsesorten, die eine gerade Form aufweisen, auswählen, z. B. Karotten, Gurken, Zucchini oder kleine Rettiche. Karotten und Zucchini kochen, bis sie *al dente* sind, und danach in Eiswasser abschrecken, damit sie zarter und biegsamer werden.

Das Gemüse in 8 bis 10 cm lange Stücke schneiden und diese der Länge nach mit einem hölzernen Stäbchen oder Eßstäbchen in der Mitte durchbohren.

Mit einem kleinen, scharfen Messer 5 mm vor dem einen Ende des Gemüses einschneiden und bis zum hölzernen Stäbchen durchschneiden. Das Messer leicht angewinkelt festhalten, das Gemüse drehen und dabei spiralförmig um das Stäbchen herum schneiden, bis das andere Ende des Gemüses erreicht ist.

2

Stäbchen entfernen, Gemüse vorsichtig auseinanderziehen, bis eine Spirale entsteht.

Variante: Je nach Geschmack kann die Mitte der Gurke oder Zucchini ausgehöhlt werden.

BROT- UND TEIGGARNIERUNGEN

Knusprige Brotbehälter

DIESE GARNIERUNG PASST ZU:

GEBRATENEM ODER GESCHMORTEM FLEISCH

WILD- UND FISCHGE-RICHTEN

HEISSEN KÄSE- UND EIERGE-RICHTEN

1

Die Krusten von einem großen, ein bis zwei Tage alten Weißbrot abschneiden. Das Brot in 5 cm dicke Scheiben schneiden. 1 cm von den Kanten und dem Boden des Brotes abschneiden.

3

Die behälterförmigen Brote auf ein gut eingefettetes Backblech legen. Mit einem Teigpinsel die Oberflächen des Brotes großzügig mit geschmolzener Butter einstreichen.

Die Brote in einem vorgeheizten Herd (170 °C) ca. 1 Stunde backen, bis sie knusprig sind und eine goldene Farbe angenommen haben.

2

Den mittleren Teil mit einem scharfen Messer aushöhlen. Lose Semmelbrösel, die sich noch in der Aushöhlung befinden, herausschütteln.

4

Den warmen Behälter aus Brot mit sautierten Pilzen, jungen Zwiebeln, gemischtem oder püriertem Gemüse und frischen Kräutern füllen.

Hinweis: Die Brotbehälter können auch fritiert werden.

Goldbraune Semmelbrösel | Mohrenköpfe aus Käse

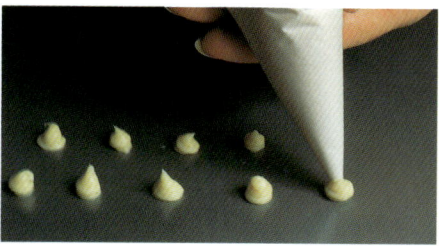

1

Erbsengroße Kleckse aus Brandteig (siehe S. 109) auf ein feuchtes Backblech spritzen.

1

Zur Zubereitung von weißen oder Vollwertsemmelbröseln Brot verwenden, das einen Tag alt ist. Ein Rührgerät beschleunigt die Zubereitung.
Für 50 g Semmelbrösel 25 g Butter und 1 EL Öl verwenden. Das Fett in einer Bratpfanne erhitzen, bis es schaumig wird.

2

Mit frisch geriebenem Parmesankäse bestreuen.

2

Wenn sich der Schaum gesetzt hat, die Semmelbrösel in die Pfanne geben, die Hitze verringern und so lange rühren, bis sie einen dunklen Goldton annehmen. Semmelbrösel warm servieren. In einem kleinen Gefäß reichen oder um das servierte Fleisch streuen.

3

In einem vorgeheizten Herd (220 °C) 6–10 Minuten backen, bis der Teig eine goldene Farbe annimmt und knusprig ist.
Unmittelbar vor dem Servieren auf jede Suppe mehrere Mohrenköpfe geben.

Goldbraune
Semmelbrösel

DIESE
GARNIERUNG
PASST ZU:

GEBRATENEM
WILD – FASAN,
REBHUHN,
WILDENTE ETC.

Mohrenköpfe aus
Käse

DIESE
GARNIERUNG
PASST ZU:

KLAREN
KRAFTBRÜHEN
UND KLAREN
SUPPEN

DIESE
GARNIERUNG
EIGNET SICH
AUCH ALS
APPETITHAPPEN.

Croûtons und Croûtes

**DIESE
GARNIERUNG
PASST ZU:**

CREMIGEN
SUPPEN

DIESE
GARNIERUNG
KANN AUCH
ÜBER SALAT
GESTREUT WER-
DEN.

1

Dicke Scheiben Weiß- oder Vollwertbrot verwenden und die Kruste entfernen. (Brot, das einen Tag alt ist, eignet sich besser als frisches.) Die Scheiben in 5 mm große Würfel schneiden.

3

Mit Teigschneidern können aus den Brotscheiben auch Formen ausgestochen werden, z. B. Herzen, Sterne, runde und längliche Formen. Diese werden wie die Brotwürfel zubereitet und zu Huhn oder anderem Fleisch serviert.

Variante: Durch Fritieren in gewürzter Butter wie Knoblauch-, Kräuter- oder Pfefferbutter (siehe S. 72) schmecken die Croûtons oder Croûtes noch pikanter.

2

Öl und Butter zu gleichen Teilen in einer Pfanne erhitzen. Wenn sich Schaum bildet, die Croûtons unterrühren. Die Würfel sollen gleichmäßig gebräunt und geröstet werden. Croûtons auf mehreren Lagen Haushaltspapier abtropfen lassen und servieren.

Pappadam-Körbe

1

2

Pappadams (indische Waffeln aus Erbsenmehl) erhalten Sie im Delikatessenladen. Kaufen Sie kleine, runde Pappadams von ca. 10–13 cm Durchmesser.
Öl zum Fritieren erhitzen. Die Pappadams zwischen einem kleinen Metallsieb und einem Schöpflöffel aus Metall langsam in das heiße Öl tauchen.

Nur einige Sekunden fritieren. Die Waffel rollt sich währenddessen um das Sieb und nimmt die Form eines Korbes an. Wenn sie knusprig und goldgelb ist, aus dem heißen Öl nehmen, auf Haushaltspapier sorgfältig abtropfen und abkühlen lassen.
Die fritierten Pappadams in einem Behälter luftdicht verschließen, bis sie verzehrt werden.

3

Die Körbe vor dem Servieren mit Gurke, Paprikastückchen, gewürfelten Zwiebeln und Kokosraspeln füllen.

DIESE
GARNIERUNG
PASST ZU:

SCHARF
GEWÜRZTEN
GERICHTEN –
BESONDERS
CURRYS

SALATEN

Teiggarnierungen für Pasteten

- Eine mit Teig bedeckte Pastete kann mit einem Rest des Teiges geschmackvoll garniert werden und erhält so den letzten Schliff.

- Für Fisch- oder Hühnchenpastete sind Spezialförmchen erhältlich, mit denen Sie Tiere aus Teig ausstechen können. Ansonsten kreieren Sie eigene Tierformen.

- Weitere Anregungen zu Formen finden Sie unter dem Stichwort »Blumenornamente aus Teig« auf Seite 62. Die Ornamente werden mit Wasser oder Eiglasur bestrichen und als Verzierung für die Pastete verwendet.

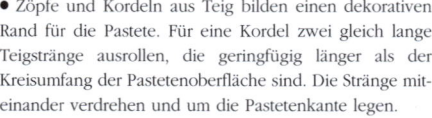

- Zöpfe und Kordeln aus Teig bilden einen dekorativen Rand für die Pastete. Für eine Kordel zwei gleich lange Teigstränge ausrollen, die geringfügig länger als der Kreisumfang der Pastetenoberfläche sind. Die Stränge miteinander verdrehen und um die Pastetenkante legen.

- Teigquasten eignen sich hervorragend als Ornament für die Mitte der Pastetenoberfläche. Einen 2,5 cm breiten und ca. 15 cm langen Teigstreifen ausschneiden. 2 cm lange Einschnitte in Abständen von 5 mm vornehmen. Den Streifen aufrollen. In die Mitte der Pastete legen und die Quaste ausbreiten.

Blumenornamente aus Teig

DIESE
GARNIERUNG
PASST ZU:

SCHMOR-
GERICHTEN UND
ANDEREN
FLEISCH-, FISCH-
UND
WILDGERICHTEN

DIE TEIGORNA-
MENTE SOLLTEN
HINSICHTLICH
DER
BESCHAFFEN-
HEIT EINEN
STARKEN
KONTRAST ZU
DER SPEISE, DIE
SIE VERZIEREN,
DARSTELLEN.

1

Blätterteig sollten Sie immer auf Vorrat im Tiefkühlschrank haben. Daraus lassen sich mit kleinen Ausstechformen und einem scharfen Messer stilvolle Formen zaubern.

Mit einer runden Form Halbmonde (siehe Foto) aussstechen. Herzen, Buchstaben, Fische und Sterne kann man mit Spezialmessern zurechtschneiden.

3

Ornamente auf ein feuchtes Backblech legen, mit Eiglasur bestreichen und im vorgeheizten Backofen (200 °C) 7–10 Minuten backen, bis der Teig aufgegangen und sowohl knusprig als auch goldbraun ist.

Hinweis: Blumenornamente können in einem Behälter im Tiefkühlfach bis zum Verbrauch aufbewahrt werden. Auftauen lassen und vor dem Servieren erwärmen.

2

Vierecke aus dem Teig schneiden. Diagonal halbieren, so daß Dreiecke entstehen. Mit der stumpfen Seite eines Messers ein Zickzackmuster einritzen. Blattformen ausschneiden und Adern einritzen.

Schwäne aus Brandteig

1

Ungesüßten Brandteig zubereiten (siehe S. 109). $\frac{1}{3}$ des Brandteigs in einen kleinen Spritzbeutel mit einer einfachen, kleinen Tülle füllen.

Schwanenköpfe und -hälse auf ein gefettetes Backblech spritzen. Dies bedarf einer gewissen Übung, erfordert jedoch nicht mehr als zwei Bewegungen: Zuerst wird der Schnabel geformt, dann werden der Kopf und der S-förmige Hals gebildet.

2

Einen zweiten Spritzbeutel mit sternförmiger Tülle benutzen, um aus dem restlichen Brandteig die Körper der Schwäne zu formen. Mit einer kreisenden Bewegung Rechtecke herstellen, die an einem Ende etwas dicker sind.

3

Den Teig mit geschlagenem Ei und Milch glasieren, und die Schwanenkörper mit frisch geriebenem Parmesankäse oder mit Mohn- oder Senfsamen bestreuen.

Alle Teile 15–20 Minuten bei 200 °C backen, bis der Teig aufgegangen ist und eine goldbraune Farbe angenommen hat.

4

Die einzelnen Teigteile vor dem Zusammensetzen abkühlen lassen. Die Körper horizontal halbieren. Die obere Körperhälfte der Länge nach halbieren, so daß zwei Flügel entstehen.

5

Pikante Butter oder Käsecreme auf die untere Körperhälfte spritzen. Hals und Kopf fest anbringen, und die Flügel ansetzen.

Teighörnchen

DIESE GARNIERUNG PASST ZU:

FLEISCH-, WILD-
UND FISCHGE-
RICHTEN

EIER- UND
KÄSEGERICHTEN

1

Blätterteig oder Filo-Teig verwenden. Auftauen lassen und bis zum Gebrauch kaltstellen.

Den Boden einer Hörnchenform oder einer selbstgemachten Aluminium-Form leicht einfetten. Mit zerknüllter Folie ausstopfen, damit sie ihre Form behalten. (Die Größe der Hörnchen hängt von der Größe des Gerichts ab, für das sie als Garnierung verwendet werden. Sie sollten jedoch nicht zu groß werden.)

3

Die Hörnchen auf ein gefettetes Backblech legen (das lose Ende zeigt nach unten). Mit geschlagenem Ei und Milch glasieren. Je nach Geschmack mit Sesam- oder Mohnsamen bestreuen. Im auf 200 °C vorgeheizten Backofen 10–15 Minuten backen, bis die Hörnchen goldbraun und knusprig sind.

2

Den Teig auf einem leicht mit Mehl bestäubten Brett ausrollen. Die Kanten zurechtschneiden. Den Teig in ca. 5 mm breite Streifen schneiden.

Einen Teigstreifen so um die Form wickeln, daß eine sich überlappende Spirale entsteht. Das lose Ende mit einem Tropfen Wasser befeuchten und fixieren.

4

Die Hörnchen von ihrer Form ziehen und auf einem Kuchengitter abkühlen lassen. Mit einem Spritzbeutel die Hörnchen mit feiner Pastete, sahnigem Käse oder Gemüsepüree füllen. Mit Nüssen, Oliven, Gewürzen oder Kräutern belegen.

Variante: Als ersten Gang größere Hörnchen zubereiten und füllen.

EIERGARNIERUNGEN

Garnierungen mit gehacktem Ei

DIESE GARNIERUNG PASST ZU:

KRABBEN MIT DRESSING

FISCHGE-RICHTEN UND PIKANTEN KUCHEN

SCHAUMSPEISEN

SALATEN UND REISGERICHTEN

GERICHTEN MIT MAYONNAISE

1

Ein oder zwei hartgekochte Eier zubereiten: Dazu in kaltes Wasser legen und 10 Minuten kochen. Abschrecken, schälen und das Eigelb vom Eiweiß trennen.
Eigelb mit einem Holzlöffel durch ein Metallsieb passieren.

3

Das Eigelb und das grün-weiß getupfte Eiweiß abwechselnd in Streifen arrangieren.

2

Das Eiweiß fein hacken und entweder so belassen oder mit feingehackter, frischer Petersilie mischen.

4

Je nach Geschmack kann die feingehackte Petersilie als dritte Farbe zum Eigelb und Eiweiß eingesetzt werden. Oder das weiße Eiweiß mit rotem Paprika bestäuben.

Eierblumen

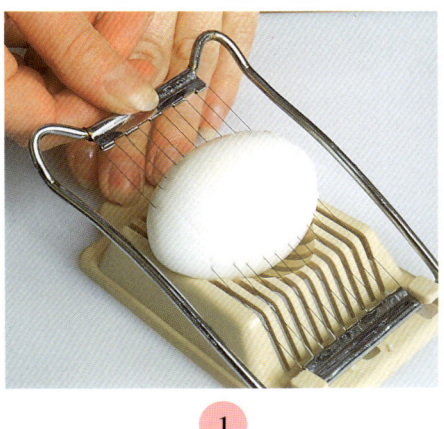

1

3

Ein bis zwei Eier (siehe S. 66) hart kochen, dann sofort in kaltem Wasser abschrecken.
Das Ei mit einem rostfreien Messer aus Stahl je nach Garnierwunsch in Scheiben schneiden oder halbieren. (Mit einem Eierschneider – siehe Foto – erzielen Sie das beste Ergebnis: sauber und gleichmäßig geschnittene Scheiben.)

Verwenden Sie als Blütenmitte durch ein Sieb gedrücktes Eigelb oder ein kreisförmig ausgestochenes Stück.

2

4

Mit Aspikschneidern, Spritztüllen oder gezackten Messern Formen aus dem Eiweiß schneiden.

Formen Sie Stiel und Blätter aus blanchierten Lauch- oder Gurkenschalen oder aus Schnittlauch mit feinen Kräutern.

DIESE GARNIERUNG PASST ZU:

TERRINEN, PASTETEN UND SCHAUMSPEISEN

KALTEN FLEISCHPLATTEN UND FLEISCH-PASTETEN

MIT ASPIK ÜBER-ZOGENEN GERICHTEN

**DIESE
GARNIERUNG
PASST ZU:**

**KLAREN SUPPEN
UND
KRAFTBRÜHEN**

1

Drei Eier und 250 ml heiße Brühe oder klare Kraftbrühe mischen. Leicht salzen und pfeffern.

2

Die Eiercreme durch ein feines Sieb oder ein Baumwolltuch drücken und in einer flachen, mit Backpapier ausgelegten Auflaufform auffangen.
Diese in eine Bratpfanne stellen, die 1 cm hoch mit Wasser gefüllt ist. 40–50 Minuten in den auf 160 °C vorgeheizten Backofen schieben bis die Eimasse gestockt ist.

3

Abkühlen lassen. Eimasse mit Hilfe des Backpapiers herausheben. Mit Aspik- und Teigschneidern Formen ausstechen (Würfel, Sterne, Monde, Herzen).

Variante: Je nach Geschmack mit 2 EL gehacktem Spinat, Brunnenkresse oder Tomatenmark farbliche Akzente setzen.

Legiertes Ei

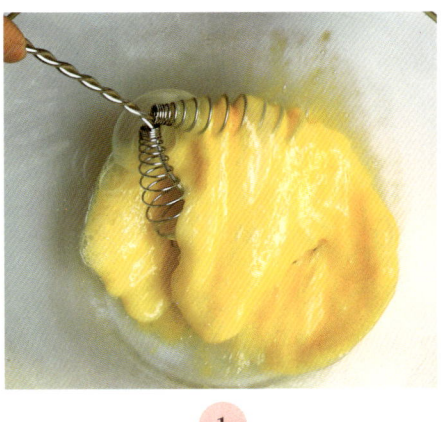

1

2

Eine klare Kraftbrühe oder chinesische Suppe sieden lassen und servierbereit halten.
Ein Ei vorsichtig in einen kleinen Krug mit einem breiten Ausguß schlagen.

Das Ei sehr langsam in die siedende Suppe gießen. Gleichzeitig mit einer Gabel das Ei unterrühren, dabei die Form einer 8 nachvollziehen, damit das Ei in feine Fasern zerfällt.

3

Suppe mit feingehackten Frühlingszwiebeln oder frisch gehackten Kräutern sofort servieren.

**DIESE
GARNIERUNG
PASST ZU:**

**KLAREN SUPPEN,
KRAFTBRÜHEN
UND CHINESI-
SCHEN SUPPEN**

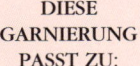

Pfannkuchenstreifen

**DIESE
GARNIERUNG
PASST ZU:**

**LEICHTEN
SUPPEN UND
KRAFTBRÜHEN**

1

Pfannkuchenteig aus 125 g Mehl, 3 Eiern und 3 EL Öl herstellen. 30–60 Minuten ruhen lassen, dann 3 EL feingehackte, frische Kräuter zufügen.

Dünne Pfannkuchen backen. Abkühlen lassen und beim Stapeln Backpapier zwischen die einzelnen Lagen legen.

3

Mit einem scharfen Messer Pfannkuchen in dünne Streifen schneiden. Im Herd oder in der Mikrowelle aufwärmen, dann auf die Suppe streuen.

Hinweis: Wenn Sie eine größere Menge Pfannkuchen zubereiten und nicht alle sofort verbrauchen, können Sie die restlichen Pfannkuchen zusammen mit dem Backpapier dazwischen tiefkühlen und später einzeln auftauen lassen, wenn Sie sie als Garnierung benötigen.

2

Einige Pfannkuchen vom Stapel nehmen, aufeinanderlegen und aufrollen, so daß die Form einer Zigarre entsteht.

BUTTERGARNIERUNGEN

Butter mit besonderen Zusätzen

1 Butter nach Art des Hauses, 2 Tomatenbutter, 3 Paprikabutter, 4 Senfbutter, 5 Butter mit frischen Kräutern, 6 Orangenbutter, 7 Kapernbutter

Butter kann nicht nur ansprechend serviert werden, wie die nächsten zwei Rezepte beweisen, sondern auch mit einem würzigen Zusatz versehen werden, bevor sie zu Kugeln, Röllchen oder anderen Formen modelliert wird. Butter macht die Gerichte nicht nur gehaltvoller, sondern sie verleiht ihnen auch einen delikaten Zitronen- oder Kräutergeschmack. Im folgenden finden Sie einige Anregungen, wie Sie die Butter vor dem Formen würzen können.

● Kapernbutter

125 g Butter und 1 TL zerdrückte Kapern mischen. Je 1 TL Orangen- und Zitronensaft und 50 g getrocknete, feingehackte Sardellen unterrühren. Zu Bällchen formen und kühlen.
Als Garnierung und Beilage zu gegrilltem oder gebratenem Fisch verwenden.

● Orangenbutter

Unter 125 g Butter je 1 EL unbehandelte, feingeraspelte Orangenschale, Orangensaft und grüne Pfefferkörner mischen. Eine 1 cm dicke Schicht auf einer Folie verteilen und kühlen. Vor dem Servieren in Vierecke schneiden.
Als Garnierung und Beilage zu Fisch, Schwein, Huhn, Wild und gekochtem Gemüse verwenden.

● Paprikabutter

Unter 125 g Butter eine Prise gemahlenen Ingwer und einige Tropfen Tabascosauce mischen. 3 EL feingehackte, rote Paprikaschote unterrühren. Zu einer langen Rolle formen. In Folie einwickeln und kühlen. Auswickeln, mit feingehackter Petersilie überziehen und in Scheiben schneiden.
Als Garnierung und Beilage zu gegrilltem (gebratenem) Fleisch, Fisch, Pellkartoffeln und Gemüsegerichten verwenden.

● Senfbutter

125 g Butter, 1 EL Senf, 6 Tropfen Tabascosauce und einen Spritzer Worcestersauce mischen. Wenn die Mischung cremig und gut verrührt ist, in einen Spritzbeutel mit einer einfachen, kleinen Tülle füllen und drei eng nebeneinanderliegende Kleckse in Kleeblattform auf eine Folie spritzen. So fortfahren. Ausreichend kühlen. In die Mitte jedes Kleeblatts einen kleinen Kräuterzweig legen.
Als Garnierung und Beilage zu gegrilltem oder gebratenem Fleisch und Fisch verwenden.

● Tomatenbutter

125 g Butter und 2 TL Tomatenmark verrühren. Kühlen und zu Kugeln formen.
Als Garnierung und Beilage zu gegrilltem oder gebratenem Fleisch, Fisch, Gemüse und Nudelgerichten verwenden.

● Butter mit frischen Kräutern

125 g Butter und 1 EL frische, feingehackte Kräuter (z. B. Schnittlauch, Estragon und Petersilie) mischen. Zu einer Rolle formen, in Folie wickeln, kühlen und in Scheiben schneiden.
Als Garnierung und Beilage zu heißem Fleisch, Fisch und Gemüsegerichten verwenden.

● Butter nach Art des Hauses

225 g Butter mit 2 EL frischer, feingehackter Petersilie und 1 TL Zitronensaft mischen. Mit Salz und frisch gemahlenem Pfeffer abschmecken. Zu einem Rechteck formen. In Folie wickeln und vor dem Servieren kühlen.
Als Garnierung und Beilage zu gegrilltem (gebratenem) Steak, Fisch und Gemüsegerichten verwenden.

Butterkugeln

DIESE
GARNIERUNG
PASST ZU:

HEISSEN,
GEGRILLTEN
(GEBRATENEN)
STEAKS UND
KOTELETTS

PELL-
KARTOFFELN

GEMÜSEGE-
RICHTEN

1

Butterkugeln können auf zwei Arten zubereitet werden. Bei der ersten Methode verwenden Sie einen Kugelformer, der zunächst in sehr heißes Wasser getaucht wird. Den Kugelformer in die feste Butter drücken und mit festem Griff drehen, so daß eine Kugel entsteht. Die Kugel bis zum Gebrauch in Eiswasser legen.

3

Die Kugeln können entweder pur serviert werden oder zuvor in feingehackten, frischen Kräutern, Paprika, zerdrückten Koriandersamen, gemischten Pfefferkörnern oder feingehackten, gerösteten Haselnüssen gewendet werden.

2

Bei der zweiten Methode einen Butterwürfel von 2,5 cm Kantenlänge schneiden und zwischen zwei nassen Butterhölzchen rollen, bis Sie eine Kugel erhalten. Die Kugel wie oben in Eiswasser legen.

4

Wenn die Kugeln als Beilage zu Brot oder Crackern gereicht werden, die Bällchen in Form einer Traube arrangieren. Mit 30–40 Kugeln erhalten Sie eine Traube von beeindruckender Größe. Stiel und Blätter können entweder ebenfalls aus Butter oder aus Gurkenschale (siehe »Weintrauben« aus Melone auf Seite 26) gebildet werden.

Butterröllchen

DIESE
GARNIERUNG
PASST ZU:

GEGRILLTEM
(GEBRATENEM)
FLEISCH

GEMÜSE UND
KARTOFFELN

BROT, TOAST
ODER
CRACKERN

1

Zur Herstellung der Butterröllchen benötigen Sie einen Butterröllchenformer. Diesen in heißes Wasser tauchen. Ein gekühltes Stück Butter auf die Seite legen und den Former von einem Ende der Butter (der Länge nach) zum anderen ziehen.

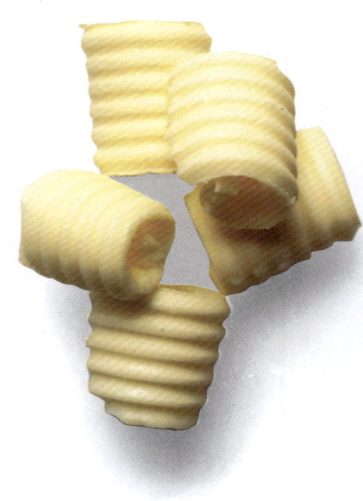

2

Das Röllchen bis zum Verzehr in eine Schüssel mit Eiswasser legen.

VERSCHIEDENE GARNIERUNGEN

Aspik

DIESE
GARNIERUNG
PASST ZU:

KALTEN
FLEISCH- UND
FISCHPLATTEN

PASTETEN,
TERRINEN UND
SCHAUMSPEISEN

EIERGERICHTEN

APPETITHAPPEN

GALANTINEN
(KALTEM
FLEISCH, DAS
MIT ASPIK ÜBER-
ZOGEN WIRD)

Aspik eignet sich hervorragend zum Garnieren. Man kann es sowohl zum Glasieren einzelner Gerichte als auch zur Trennung zwischen verschiedenen Gerichten verwenden. Oder aber man umrandet ganze Servierplatten mit Aspik. Aspik wird aus starker Fisch- oder Fleischbrühe, Wein, Gewürzen und Aspikpulver hergestellt. Aspikpulver ist in Lebensmittelgeschäften erhältlich und leicht zuzubereiten, wenn die Anweisungen des Herstellers beachtet werden.

2

● Den festen Aspik mit einem Messer grob hacken, damit funkelnde Kristalle entstehen. Als besondere Variante feingehackte Kräuter zum annähernd festen Gelee geben.

1

● Fester Aspik kann mit Spezialschneidern in viele verschiedene Formen geschnitten werden.

3

● Kaltes Fleisch, Pasteten, Koteletts, pikante Schaumspeisen und Terrinen mit kaltem Aspik überziehen. Zum Kühlen eignet sich besonders ein Drahtgestell.
Andere Garnierungen mit flüssigem Aspik bestreichen und auf Schaumspeisen und Terrinen arrangieren. Eventuell einen zweiten Überzug aus Aspik über die Schaumspeise oder Terrine geben.

Kräuter

Kräuter können Sie auch selbst im Balkonkasten oder Kräutergarten pflanzen und ernten. Die Auswahl der Kräuter hängt vom Koch ab. Dennoch läßt sich nicht bestreiten, daß manche Kräuter besonders gut zu bestimmten Gerichten passen. Man denke nur an Orangen-Estragon-Hühnchen (siehe S. 106) und Lamm mit Rosmarin.

● Frisch geschnittene Kräuterzweige halten sich am besten in einem luftdichten Behälter, der unten im Kühlschrank aufbewahrt wird.

● Frische Kräuter können, sobald sie gehackt sind, tiefgefroren werden. Als Behälter eignen sich besonders Eiswürfelformen. Die Kräuter in die Formen geben, mit Wasser oder Essig (für Minzsauce) übergießen und tiefgefrieren. Ganze frische Kräuterzweige eignen sich nicht zum Tiefkühlen: sie welken und verlieren die Form.

● Zum Garnieren eines Gerichts genügt meist ein winziger Kräuterzweig. »Einen Baum und keinen Wald verwenden«, lautet der Rat an die Köche während der Ausbildung. Alles andere ist zuviel des Guten.

● Verwenden Sie zum Garnieren die Kräuter, mit denen das Gericht gewürzt wurde, oder geschmacklich dazu passende (beispielsweise Koriander für Gerichte aus dem Nahen Osten, Majoran bzw. Basilikum für die Mittelmeerküche).

● Feingehackte Kräuter, die über ein Gericht gestreut werden, verleihen ihm Farbe und Würze. So wird aus einer einfachen Kartoffel im Nu eine Delikatesse.

● Feingehackte Kräuter mit Aspik (siehe S. 76) und Butter mit besonderen Zusätzen (siehe S. 72) geben den Gerichten und den dazugehörigen Garnierungen ebenfalls zusätzliche Farbe.

● Petersilienzweige, die mit Mehl bestäubt einige Sekunden paniert oder gebraten werden (bis sie knusprig sind), sind eine gelungene Garnierung für Platten mit gegrilltem, gebratenem oder fritiertem Fleisch und Fisch.

● Selbstgepflanzte Kräuter zieren nicht nur Gerichte, sondern auch Tafeln. Im Sommer geben die feinen, winzigen Blüten vieler Kräuter – zu einem Sträußchen gebunden oder in einer Vase – ein hübsches Bild ab. Kräuter mit dekorativen Blüten sind z. B. Thymian, Minze, Gurkenkraut, Bohnenkraut, Wiesenknopf, Majoran und Oregano.

Eine Auswahl blühender Kräuter zu einem Strauß zusammenstellen. Diesen mit einem Schnittlauchhalm binden und zur Verzierung auf den Rand einer Servierplatte legen.

● Für einen Koch sind frische Kräuter oft der »letzte Retter in der Not«. Wenn alle anderen Zutaten fehlen, kann man mit frischen Kräutern schnell und einfach zu jedem Gericht eine passende Garnierung zaubern.

Nüsse

Nüsse – ob gehackt, in dünne Scheiben geschnitten, geröstet oder gebraten – eignen sich wegen ihres Geschmacks, ihrer Farbe und Beschaffenheit hervorragend zum Garnieren. Nüsse verlieren ihren Geschmack, wenn sie zu lange der Luft ausgesetzt sind. Deswegen nur frische Nüsse verwenden. In einem luftdichten Behälter im Kühlschrank aufbewahren. In der Tiefkühltruhe sind sie noch länger haltbar.

● Geröstete, in Scheiben geschnittene Mandeln sind eine Zierde für Reis- und Currygerichte, da sie zu diesen einen lebhaften Kontrast in Farbe und Beschaffenheit bilden. Die in Scheiben geschnittenen Mandeln auf ein Backblech legen und entweder im Ofen oder im Grill bräunen.

● Pistazien werden gerne wegen ihrer zarten, hellgrünen Farbe verwendet. Sie haben einen süßlichen und angenehmen Geschmack. Pistazien wachsen paarweise in einer dünnen Schale und werden als Garnierung zu Fleischterrinen oder -pasteten oder Mittelmeergerichten verwendet.

● Walnüsse werden in der Küche wohl am häufigsten verwendet. Ob im ganzen, halbiert oder feingehackt: Sie sind eine geschmackliche Bereicherung und dekorative Garnierung für viele Salate, grüne Gemüsesorten und Pasteten. Feingehackt dienen sie als Zusatz zu Butter, die zu Fisch gereicht wird.

● In Butter gebratene Pinienkerne schmecken hervorragend zu italienischen Gerichten, Saucen und Salaten sowie in scharfen Gemüsesuppen.

● Kokosraspel oder Kokosflocken werden traditionsgemäß geröstet zu »Sambal« verwendet, der Beilage zu Currygerichten. Kokosnuß in einem Tomatensalat bietet einen interessanten geschmacklichen Gegensatz und einen besseren »Biß«. Kokosnuß ist auch zu einigen Fisch- und Gemüsesorten zu empfehlen.

● Haselnüsse haben einen angenehmen und sehr eigenen Geschmack. Am besten schmecken sie geröstet und geschält. Feingehackt ergeben sie einen knusprigen Überzug für Kartoffelbällchen (siehe S. 53). Die gehackten Nüsse können mit Semmelbröseln vermengt und so als Überzug verwendet oder über Gemüse gestreut werden. In dünne Scheiben geschnitten, zieren Haselnüsse Suppen und Salate.

● Wenn Sie scharfe Nüsse bevorzugen, blanchieren Sie sie (am besten eignen sich Mandeln), braten sie in Öl oder Butter und wenden sie anschließend in Salz, Cayenne- oder Currypulver. So zubereitet passen Nüsse besonders zu scharfen Gerichten und zur fernöstlichen Küche.

Speckröllchen

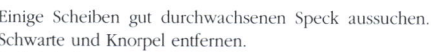

1

2

DIESE GARNIERUNG PASST ZU:

GEBRATENEM HUHN UND TRUTHAHN

GERÄUCHERTEM SCHELLFISCH

OMELETTS UND ANDEREN EIERGERICHTEN

GRÜNEN SALATEN

Einige Scheiben gut durchwachsenen Speck aussuchen. Schwarte und Knorpel entfernen.
Jede Scheibe in zwei oder drei Stücke schneiden. Mit der Klinge eines scharfen Messers, das angewinkelt gehalten wird, mit streichenden Bewegungen den Speck in die Länge streifen.

Jedes Stück Speck aufrollen und falls notwendig mit einem Holzstäbchen fixieren. Die Speckröllchen grillen, dabei häufig wenden, damit sie überall gleich dunkel und knusprig werden. Die Röllchen können auch im auf 200 °C vorgeheizten Ofen gebacken werden.

Knusprige Speckstückchen

DIESE
GARNIERUNG
PASST ZU:

SUPPEN

GERICHTEN MIT
EI, SCHELLFISCH,
UND
KARTOFFELN

MORNAY-
GERICHTEN

SALATEN MIT
AVOCADO UND
BLUMENKOHL

1

Einige Scheiben gut durchwachsenen Speck aussuchen. Schwarte und Knorpel mit einer Schere entfernen. Den Speck in kleine Stücke schneiden.

2

Den Speck in einer beschichteten Pfanne im eigenen Fett braten. Häufig rühren, damit der Speck gleichmäßig bräunt. Wenn die Speckstückchen knusprig gebraten sind, herausnehmen und auf Haushaltspapier abtropfen lassen.

Salatschüssel aus Eis

1

3

**DIESE
GARNIERUNG
PASST ZU:**

SCHALENTIEREN

SORBETS UND
FRUCHT-
SPEISEEIS

Entdecken Sie eine völlig neue Art, Schalentiere zu servieren. Zwei gefrierfeste Glasschüsseln bereitstellen, von denen die eine etwas kleiner ist als die andere.

Zutaten auswählen, die in der Schüssel tiefgekühlt werden sollen – Zitronen- und Limonenscheiben, Blüten der Kapuzinerkresse oder andere eßbare Blumenblätter und frische Kräuter.
Die größere der beiden Schüsseln 2,5 cm hoch mit Wasser füllen. Abgekochtes Wasser ergibt klareres Eis. Fruchtscheiben, Kräuter etc. zugeben und tiefkühlen, bis das Ganze gefroren ist.

Zum Entfernen der kleineren Schüssel die Gewichte entfernen, die Innenseite der Schüssel mit einem heißen, feuchten Tuch reiben oder mit warmem Wasser füllen. Vorsichtig lösen und entfernen.
Zum Entfernen der äußeren Schüssel ein Spülbecken mit warmem Wasser füllen und die Schüssel 1 Minute bis zum Rand hineinstellen, bis sie sich löst. Das Eis darf nicht schmelzen.

In einer großen Plastiktüte im Tiefkühlfach aufbewahren oder sofort verwenden und mit gekochten Schalentieren füllen.

Variante: Wenn Sie nur Blumenblätter verwenden, ist die Eisschüssel optimal als Eisbecher geeignet.

2

Die zweite Schale in die Mitte der großen Schale stellen. Mit einem Gewicht nach unten drücken (gefrorene Speisen eignen sich für diesen Zweck). Wasser in Höhe von 2,5 cm zwischen die beiden Schalen gießen. Einige weitere Garnierungen zugeben und erneut tiefkühlen. So fortfahren, bis die Eisschale voll und gefroren ist.

81

Räucherlachskegel

DIESE GARNIERUNG PASST ZU:

FISCHGE-RICHTEN

HORS D'ŒUVRES MIT MEERES-FRÜCHTEN, AVOCADO ODER GURKE, PASTETEN UND SCHAUMSPEISEN

EIERGERICHTEN

KLEINEN QUA-DRATISCHEN BROTEN ODER CROÛTES (SIEHE SEITE 58) ALS APPETITHAPPEN

1

Mit einer Ausstechform kreisrunde Stücke von 9 cm Durch-messer aus geräucherten Lachsscheiben ausstechen. Jeden Kreis in Viertel schneiden.

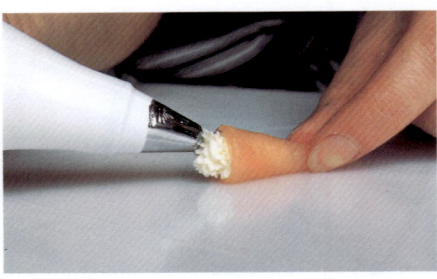

2

Jedes Viertel zu einer Kegelform rollen. Drei Kegel auf einer Platte arrangieren, und eine kleine Menge Rahmkäse oder gewürzte Butter (siehe S. 72) in die Mitte der Kegel spritzen.

3

Den Käse oder die Butter mit Kaviar oder Kaviarersatz gar-nieren. Die Spitze des Kegels mit ein oder zwei Zweigen fri-schem Dill, Fenchel oder einem anderen aromatischen Kraut verzieren.

4

Variante: Die Räucherlachskegel können auch auf Zitronen-scheiben mit Einkerbungen (siehe S. 15) arrangiert werden.

Kleine Kebabs

1

2

Bunte Zutaten auswählen: Speckröllchen, junge Maiskolben (in Scheiben), junge Pilze, Garnelen, rote und gelbe Paprikaschoten, Cocktailtomaten, Schinkenwürfel, Ananas, Aprikosen und dünne Scheiben Ingwerwurzel.

Das Gemüse dünsten, bis es *al dente* ist. In kaltem Wasser abschrecken und gut abtropfen lassen. Die ausgewählten Früchte, Fleisch- und Gemüsesorten in dekorative Stücke gleicher Größe schneiden.

Auf 10 cm lange Holzstäbchen aufspießen. Großzügig mit zerlassener Butter oder Öl bestreichen und grillen. Die Spieße gelegentlich mit einer Zange wenden, bis sie gar sind. Die Garzeit der Spieße hängt von den verwendeten Zutaten ab.

DIESE GARNIERUNG PASST ZU:

EIER- UND KÄSEGERICHTEN

GERÖSTETEM UND GEGRILL-TEM FLEISCH

GEFLÜGEL

FISCH

PFANNKUCHEN UND OMELETTS

GERICHTEN MIT REIS UND TEIGWAREN

DIESE GARNIERUNG KANN AUCH ALS APPETITHAPPEN SERVIERT WER-DEN.

3

Mit frischen Kräuterzweigen garnieren und sofort servieren.

Hinweis: Zutaten auswählen, die Ihren Hauptgang gut zur Geltung bringen, beispielsweise Ananas, Paprikaschoten und Ingwerwurzel zu Schwein-, Speck- und Schinkengerichten oder Schinkenröllchen, Pilze und Tomaten zu gegrillten Geflügel- und Fleischgerichten.

83

REZEPTSAMMLUNG

Sahne-Karotten-Suppe

Für 4–6 Personen

Eine köstliche Suppe in Farbe und Geschmack. Der Reis dient als Eindickungsmittel.

Zutaten

25 g Butter

2 mittelgroße Zwiebeln, feingehackt

750 g Karotten, geschält und geraspelt

1 EL Tomatenmark

25 g Langkornreis

1 l Hühnerbrühe, am besten selbstgemacht

Salz und frisch gemahlener schwarzer Pfeffer, je nach Geschmack

90 ml Sahne

Garnierung

Karottenkringel (siehe Seite 32)
frischer Koriander oder Petersilie
Croûtons (siehe Seite 58)

Zubereitung

● Butter in einer großen Pfanne zerlassen. Zwiebeln unterrühren und 5 Minuten dünsten, bis sie weich, jedoch nicht angebräunt sind.

● Karotten, Tomatenmark, Reis und 60 ml der Brühe zugeben. Gut abdecken und weitere 5–10 Minuten köcheln lassen. Die restliche Brühe zugeben und unbedeckt 30 Minuten sieden lassen.

● Die Suppe durch ein feines Sieb passieren. In die gereinigte Pfanne zurückgeben. Nach Geschmack würzen. Die Hälfte der Sahne unterrühren und erneut leicht erhitzen, jedoch nicht kochen.

● Mit einem Klecks Sahne, einem oder zwei Karottenkringeln und frisch gehacktem Koriander garnieren. Knusprige Croûtons dazu reichen.

Die Suppe kann tiefgekühlt werden.

Avocadocreme

Für 4-6 Personen

Servieren Sie dieses Gericht als 1. Gang eines Menüs oder als leichte Sommermahlzeit. Je nach Geschmack kann die Creme auch mit Garnelen gereicht werden. Den besten Farbeffekt erzielen Sie, wenn Sie sie einige Stunden im voraus zubereiten.

Zutaten

1 EL Gelatine, pulverisiert

150 ml Hühnerbrühe, am besten selbstgemacht

2 mittelgroße Avocados

Saft einer halben, kleinen Zitrone

1 kleine Schalotte oder 3 Frühlingszwiebeln (nur die weißen Teile)

Salz und frisch gemahlener schwarzer Pfeffer

1 Spritzer Tabascosauce

150 g Mayonnaise

150 ml Sahne

Garnierung

Peperoniblumen (siehe Seite 33) oder
Rettichblume (siehe Seite 44)
eingekerbte Gurkenscheiben

Zubereitung

● Die Gelatine mit 3 EL Brühe in eine kleine Schüssel geben. Die Schüssel über eine Pfanne mit siedendem Wasser halten und rühren, bis sich die Gelatine aufgelöst hat.

● Die restliche Brühe unterrühren und leicht abkühlen lassen.

● Die Avocados halbieren, die Kerne entfernen und das Fleisch herausnehmen. Dabei die Schalen gut auskratzen, da das Fruchtfleisch an der Schale der Creme die zarte, grüne Farbe verleiht.

● Das Fleisch mit dem Zitronensaft und der Schalotte in einem Rührgerät gut vermengen. Gewürze, Tabascosauce und zuletzt die Gelatinemischung gründlich unterrühren. Nach Geschmack würzen. Abkühlen lassen.

● Wenn sich die Avocadomischung setzt, Mayonnaise und Sahne unterrühren. In eine gut eingefettete Auflaufform mit einem Fassungsvermögen von 1 l gießen. Mit Klarsichtfolie abdecken und kühlen, bis das Ganze fest geworden ist. Die Avocadocreme vor dem Servieren aus der Form lösen und auf einer Servierplatte anrichten. (Wenn sich die Creme nicht leicht herauslösen läßt, die Außenseite der Auflaufform mit einem heißen, feuchten Tuch abreiben.)

● Den Rand der Servierplatte mit eingekerbten Gurkenscheiben garnieren. Die Oberfläche der Creme mit Peperoniblumen oder einer Rettichblume verzieren. Das Gericht mit einem Essig-Dressing (siehe S. 109) reichen. Falls gewünscht, sehr fein gehackte, rote Paprikaschote in das Dressing rühren. Knuspriges Brot dazu reichen.

Gebackener Camembert mit Preiselbeersauce

Für 4 Personen

Durch ihren säuerlichen Geschmack ist diese Sauce die ideale Beilage zum panierten Käse. Der geschmolzene Käse läuft aus und vermischt sich so mit der Sauce. Dieses Gericht wird häufig als erster Gang serviert und bringt Farbe auf den Tisch.

Zutaten

1 runder Camembert, ca. 225 g

15 g Mehl, mit 1 Prise Salz gewürzt

1 Ei, leicht geschlagen

75 g frische Semmelbrösel

Öl zum Fritieren

Preiselbeersauce

175 g Preiselbeeren (frisch oder gefroren)

Saft einer Orange

2 EL Portwein oder Wasser

75 g sehr feiner Zucker

Garnierung

Orange Julienne (siehe Seite 22)
Glasierte Johannis- oder Preiselbeeren (siehe Seite 29)
Lorbeer- oder Minzblätter

Zubereitung

● Den Camembert in acht Stücke teilen und zunächst in Mehl, dann in Ei wenden. Die Stücke dann mit Semmelbröseln so lange panieren, bis der Käse überall gleichmäßig bedeckt ist; falls nötig, den Vorgang wiederholen. Die »Käsekroketten« 30 Minuten kühlen.

● Inzwischen die Sauce zubereiten. Preiselbeeren, Orangensaft und Portwein bzw. Wasser zum Kochen bringen. Bei reduzierter Hitze und geschlossenem Deckel 5 Minuten sieden lassen.

● Zucker unterrühren und weitere 5 Minuten sieden lassen, bis die Preiselbeeren weich sind und die Flüssigkeit eingedickt ist. Warm halten.

● Den Camembert in Portionen zu je 4 Stück bei 180 °C 2 Minuten fritieren, bis er eine goldgelbe Farbe annimmt. Auf Haushaltpapier gut abtropfen lassen und warm halten. Die zweite Portion fritieren.

● Pro Person zwei heiße Käsekroketten mit warmer Preiselbeersauce servieren. Mit Orange-Julienne-Streifen, glasierten Beeren und einem Minz- oder Lorbeerblatt garnieren.

Varianten: Saucen aus roten Johannisbeeren, Stachelbeeren oder Pflaumen schmecken ebenso köstlich. Der Camembert kann durch Ziegenkäse oder Brie ersetzt werden.

Birnen mit Stilton-Käse

Für 6 Personen

Die süße Frucht, der herbe Käse und das erfrischende Minzdressing machen aus diesem Rezept ein kontrastreiches Gericht.

Zutaten

3 feste, reife Birnen

225 g sehr feiner Zucker

300 ml Wasser

1 EL Zitronensaft

1 Ei

1 EL Weißweinessig

75 g Stilton-Käse, zerbröckelt

150 ml Sahne

1 EL frische Minze, gehackt

Salz und frisch gemahlener, schwarzer Pfeffer, nach Geschmack

Garnierung

Paprika, zum Bestäuben
4 Tomatenrosen (siehe Seite 41)
frische Minzblätter

Zubereitung

● Birnen schälen, halbieren und entkernen. Bei niedriger Hitze Zucker in Wasser und Zitronensaft auflösen, dann 2–3 Minuten kochen lassen. Die Birnen vorsichtig in die zähflüssige Mischung geben und köcheln lassen, bis sie weich sind. Abkühlen lassen.

● Für das Dressing das Ei in eine Glasschüssel geben und mit einem Schneebesen schlagen. Weißweinessig und 1 EL Birnensirup zugeben.

● Die Schüssel über eine Pfanne mit siedendem Wasser halten, und die Eimischung ständig rühren, bis sie eindickt. Den Stilton-Käse unter ständigem Rühren zugeben, bis der Käse geschmolzen und das Dressing gut verrührt und eingedickt ist. Leicht würzen und abkühlen lassen.

● Die Sahne leicht schlagen und mit der gehackten Minze unter das Dressing heben. Das Dressing auf sechs kleine Platten verteilen. Jede Platte gleichmäßig bedecken.

● Auf jede Servierplatte eine Birnenhälfte legen. Die Birne vom breiten Ende zum Stielende der Länge nach ein-, jedoch nicht ganz durchschneiden. Die Scheiben vorsichtig auffächern. Den Birnenfächer leicht mit Paprika bestäuben. Mit einer Tomatenrose und zwei oder drei Minzblättern garnieren.

● Mit Melba-Toast servieren.

Varianten: Statt Stilton-Käse Roquefort oder einen anderen Blauschimmelkäse verwenden. Statt frischer Birnenhälften können auch eingelegte verwendet werden.

Schaumspeise mit geräucherter Forelle

Marinierte Kipperfilets

Schaumspeise mit geräucherter Forelle

Für 6 Personen

Eine leichte Fischcreme, die einfach zuzubereiten ist. Sie wird gerne als erster Gang eines Menüs oder als leichtes Mittagessen serviert.

Zutaten

4 frische Forellen, geräuchert (jede ca. 175 g schwer), gehäutet, entgrätet, zerlegt

2 EL Zitronensaft

150 g Mayonnaise

150 ml Sahne, leicht geschlagen

2 EL Sahnemeerrettich

Cayennepfeffer

Salz

1 EL Gelatine, pulverisiert

2 Eiweiß

Garnierung

Aspik, gehackt (siehe Seite 76)
6 Schwäne aus Brandteig (siehe Seite 63)
12 Räucherlachskegel (siehe Seite 82)
6 Zitronenkringel (siehe Seite 16), 6 Zweige frischer Dill

Zubereitung

● Forelle mit Zitronensaft beträufeln. In einem Rührgerät die Forelle mit Mayonnaise, Sahne und Meerrettich gut verrühren. Mit Cayennepfeffer und Salz abschmecken.
● Die Gelatine mit 90 ml Wasser in eine kleine Schüssel geben. Im Wasserbad erhitzen, bis sich die Gelatine aufgelöst hat. Kurz abkühlen lassen und dann unter das Forellenpüree rühren.
● Eiweiß schlagen, bis es steif ist. Unter das Forellenpüree heben. Die Mischung auf sechs kleine Formen verteilen. Mindestens 2 Stunden kühlen.
● Die Formen auf einzelne Servierplatten stürzen. Den Rand jeder Platte mit gehacktem Aspik und einem Zitronenkringel verzieren. Einen Schwan aus Brandteig auf dem Aspik ›treiben‹ lassen. Die Oberfläche der Schaumspeise mit zwei Räucherlachskegeln und einem frischen Dillzweig garnieren.
● Dazu dünne Scheiben Vollkornbrot mit Butter oder Melba-Toast servieren.

Varianten: Zur Abwechslung pochierten Lachs oder geräucherten Schellfisch verwenden.

Die Schaumspeise kann tiefgekühlt werden.

Marinierte Kipperfilets

Für 6 Personen als 1. Gang, für 3 oder 4 Personen als leichtes Mittagessen

Statt der Kipperfilets (Kipper ist ein leicht gepökelter, geräucherter Hering) können Sie auch das Filet jedes anderen Räucherfisches verwenden. Servieren Sie zu diesem Gericht ausreichend Brot, damit man die Marinade aufsaugen kann.

Zutaten

375 g Kipper- oder andere geräucherte Fischfilets (ca. 8 Stück)

1 mittelgroße Zwiebel, in dünne Scheiben geschnitten

2 TL Koriandersamen, zerdrückt

2 Lorbeerblätter

frisch gemahlener schwarzer Pfeffer

175 ml Sonnenblumenöl

4 EL Rotweinessig

1 EL brauner Zucker

Schale einer unbehandelten Zitrone, geraspelt

2 TL Senfpulver

Garnierung

Zitronenscheiben mit Einkerbungen (siehe Seite 15)
Blumen aus Frühlingszwiebeln (siehe Seite 38)
frischer Koriander oder Petersilie

Zubereitung

● Die Fischfilets mit einem scharfen Messer häuten und diagonal in lange Streifen schneiden. Mit der Zwiebel, den Koriandersamen, den Lorbeerblättern und dem Pfeffer in ein niedriges, breites Gefäß legen.

● Öl, Essig, Zucker, Zitronenschale und Senfpulver in einem Glas mit Schraubverschluß schütteln, bis der Inhalt des Glases gut vermischt und aufgelöst ist.

● Das Dressing über die Fischfilets gießen. Mit Klarsichtfolie sorgfältig abdecken und 2–5 Tage kühlen (je länger, desto besser). Die Filets gelegentlich in der Marinade wenden.

● Die Filets mit eingekerbten Zitronenscheiben umrahmen, mit frischen Korianderzweigen und Blumen aus Frühlingszwiebeln garnieren.

Schaumspeise aus Gurke und Rahmkäse

Für 4 Personen

Dieses Gericht eignet sich als leichter, erfrischender erster Gang eines Menüs.

Zutaten

1 große Gurke, geschält

Salz

175 g Rahmkäse

1 TL Schalotte oder Frühlingszwiebel, feingehackt

frisch gemahlener schwarzer Pfeffer

150 ml heiße Gemüsebrühe

1 EL Gelatine, pulverisiert, in 3 EL Wasser eingeweicht

2 EL Weißweinessig

1 EL sehr feiner Zucker

1 Prise Muskatblüte, gemahlen

150 ml Sahne, leicht geschlagen

Garnierung

Carambola (sternförmige Frucht; siehe Seite 30)
Gurkenfächer (siehe Seite 34)

Zubereitung

● Gurke in kleine Würfel schneiden und großzügig mit Salz bestreuen. Zwischen zwei Tellern 30 Minuten ziehen lassen.

● Käse, Schalotte, Salz und Pfeffer mischen.

● Die heiße Brühe auf die eingeweichte Gelatine gießen und rühren, bis sich die Gelatine aufgelöst hat. Unter den Käse rühren.

● Gurke abtropfen lassen. Spülen und sorgfältig mit Haushaltspapier trocknen. Gurke mit Essig, Zucker und Muskatblüte mischen.

● Wenn die Käsemischung kalt ist und steif zu werden beginnt, die Gurke und die leicht geschlagene Sahne unterheben. Die Mischung auf sechs bis acht leicht eingeölte Formen verteilen und einige Stunden kühlen. 30 Minuten vor dem Servieren aus dem Kühlschrank nehmen.

● Die Masse vor dem Servieren aus den Auflaufformen stürzen. Nach Wunsch mit einigen Löffeln Essig-Dressing (siehe S. 109) beträufeln. Mit Carambola und Gurkenfächern verzieren.

Variante: Wenn das Gericht ein leichtes Mittagessen oder Bestandteil eines Buffets ist, statt der kleinen Formen eine Ringform mit einem Fassungsvermögen von 1 l verwenden und die Mitte mit Brunnenkresse, Blüten der Kapuzinerkresse und Endiviensalat füllen.

Chinesischer Gemüsesalat

Für 4 Personen

Ein knuspriger, frischer Salat, der gut zu heißem Fleisch und Rippchen paßt.

Zutaten

8 große Radieschen

2 große Karotten, geschält

4 Stangen Staudensellerie

8 Frühlingszwiebeln, in Ringe geschnitten

Dressing

3 EL Olivenöl

1 EL Zitronensaft

1 TL helle Sojasauce

1 TL sehr feiner Zucker

frisch gemahlener schwarzer Pfeffer

Zubereitung

● Aus Radieschen 8 Blumen herstellen, wie auf Seite 35 beschrieben. In eine Schale mit Eiswasser geben.

● Die Karotten zunächst der Länge nach in dünne Scheiben und dann in lange, schmale Streifen schneiden. Ebenfalls in das Wasser legen.

● Sellerie à la Julienne gemäß der Anleitung auf Seite 54 zubereiten, jedoch nicht blanchieren. Ins Wasser geben.

● Die Zwiebelringe gemäß der Beschreibung auf S. 39 zubereiten. In das Wasser legen.

● Das gesamte Gemüse 2 Stunden einweichen lassen.

● Die Zutaten für das Dressing in ein Glas mit Schraubverschluß geben und kräftig schütteln, damit eine Emulsion entsteht.

● Gemüse abtropfen und trocknen lassen, im Dressing wenden und sofort servieren.

Varianten: Andere Gemüsesorten wie junge Maiskolben, Wasserkastanien oder Zuckererbsen verwenden. Diese können auf Salatblättern serviert werden.

Salat mit roter Bete und Limonengelee

Für 4-6 Personen

Dieser Gemüsesalat ist sehr leicht zuzubereiten. Dennoch ist das Ergebnis mehr als beeindruckend. Besonders gut schmeckt er zu kaltem Fleisch.

Zutaten

600 ml Limonengelee

3 EL Weißweinessig

750 g junge rote Bete, gekocht und geschält

4 Frühlingszwiebeln, feingehackt

frisch gemahlener schwarzer Pfeffer

Garnierung

Kringel aus roter Bete (siehe Seite 49)
Limone Julienne (siehe Seite 22)

Zubereitung

● Das Limonengelee nach den Anweisungen auf der Packung zubereiten. Den Weißweinessig unterrühren.

● Die rote Bete grob hacken und mit den feingehackten Frühlingszwiebeln und dem Pfeffer in eine Schüssel geben. Wenn das Gelee leicht abgekühlt ist, über die rote Bete gießen und fest werden lassen.

● Mit einem kleinen, scharfen Messer das Gelee und die rote Bete in kleine Stücke hacken. Auf einer Servierplatte anrichten und mit Kringeln aus roter Bete und einigen Streifen Limone Julienne garnieren.

Variante: Himbeergelee eignet sich ebenso gut für dieses Rezept, bietet jedoch nicht den starken Kontrast im Geschmack wie Limonengelee.

Salat mit geschrotetem Weizen

Für 4-6 Personen

Dieser Salat eignet sich als eigenständiges Gericht ebenso gut wie als Beilage zu Fleisch oder Fisch. Die Endivienblätter (Chicoréeblätter) können als Besteck verwendet werden.

Zutaten

200 g Weizen, geschrotet (oder Bulgur)

4 große Frühlingszwiebeln

75 g glatte Petersilie

2 EL frische Minze

4 EL Olivenöl

4 EL frischer Zitronensaft

Salz, nach Geschmack

Garnierung

4-6 Tomatenkrabben (siehe Seite 40)
2 Endivienköpfe, in Blätter zerlegt
8-12 Peperoniblumen (siehe Seite 33)
Petersilienblätter oder Minzzweige

Zubereitung

● Den geschroteten Weizen 30 Minuten in kaltes Wasser legen. Gut abtropfen lassen und überschüssiges Wasser mit den Händen ausdrücken.

● Frühlingszwiebeln, Petersilie und Minze fein hacken und mit dem Weizen in einer großen Schüssel vermischen. Olivenöl, Zitronensaft und Salz gut unterrühren.

● Nach Geschmack würzen. Abdecken und 2-3 Stunden kühlen, damit sich die einzelnen Aromen verbinden können.

● Den Salat auf einzelne Beilagenteller geben. Jeden mit Endivienblättern, einer Tomatenkrabbe, zwei Peperoniblumen und Petersilienblättern oder Minzzweigen garnieren.

Warmer Taubensalat

Für 4 Personen

Dieser Salat ist schnell und einfach zuzubereiten. Die Nüsse, Croûtons und Speckröllchen stellen einen lebhaften Kontrast zur Taube dar.

Zutaten

3 Tauben, jede ca. 375 g schwer

25 g Butter

1 TL Dijon-Senf

1 Knoblauchzehe, zerdrückt

3 EL Rotweinessig

90 ml Walnuß- oder Olivenöl

Salz und frisch gemahlener schwarzer Pfeffer

1 Kopf Endiviensalat (Chicoréesalat)

2 Tomaten

Garnierung

12 Speckröllchen (siehe Seite 79)
Croûtons (siehe Seite 58)
50 g Walnußhälften

Herdtemperatur: 220 °C/Gas 7

Zubereitung

• Herd vorheizen. Tauben mit Butter einstreichen und mit den Speckröllchen 20 Minuten braten.

• In der Zwischenzeit das Dressing zubereiten. Senf, Knoblauch und Essig in eine Schüssel geben. Das Walnuß- oder Olivenöl nach und nach unterrühren. Nach Geschmack würzen.

• Den Salat waschen und jedes Blatt zerkleinern. Tomaten häuten und entkernen, dann das Fruchtfleisch in kleine Streifen schneiden.

• Tauben und Speckröllchen aus dem Herd nehmen. Herd abschalten. Die Croûtons nur zum Erwärmen in den Herd stellen. Das Taubenfleisch in dünne Scheiben schneiden.

• Den Salat kurz im Dressing wenden. Auf vier Teller verteilen. Die Taubenscheiben darauf arrangieren und mit den Tomatenstreifen bestreuen.

• Mit Speckröllchen, Walnußhälften und den warmen Croûtons garnieren. Das restliche Dressing über den Salat gießen. Servieren, solange die Taube noch warm ist.

Varianten: Die Taube kann durch Huhn oder Ente (geräuchert) ersetzt werden.

Salat mit russischem Hühnchen und Kartoffeln

Für 4 Personen

Dieses Gericht schmeckt auch ohne weitere Beilagen ausgezeichnet. Mit einem gemischten, grünen Salat ist es ideal für ein Picknick im Sommer.

Zutaten

500 g Hühnerbrustfilets, gekocht, entbeint

225 g Kartoffeln, in der Schale gekocht

2 große Gurken (in Dill eingelegt)

2 TL Worcestersauce

150 g Mayonnaise

200 g frische Pilze, halbiert

4 schwarze Oliven, entsteint und halbiert

Salz und frisch gemahlener schwarzer Pfeffer

Garnierung

4 hartgekochte Eier, in Scheiben geschnitten
rote Paprikastreifen, eingelegt
grüne Oliven, gefüllt, in Scheiben geschnitten
frische Petersilie, gehackt

Zubereitung

● Das Hühnchen häuten und in Scheiben schneiden.

● Kartoffeln schälen und in Scheiben gleicher Größe schneiden.

● Die Gurken in Julienne-Streifen schneiden.

● Die Worcestersauce unter die Mayonnaise rühren. Dann vorsichtig Huhn, Kartoffeln, Gurken, Pilze und Oliven unter die Mischung heben. Nach Geschmack würzen.

● Den Salat auf einer flachen Servierplatte verteilen und mit Eierscheiben umranden. Dünne Paprikastreifen und Olivenscheiben auf dem Salat arrangieren. Mit frisch gehackter Petersilie bestreuen.

Terrine mit Huhn, Käse und Schnittlauch

Für 8 Personen

Zutaten

375 g Hühnerbrustfilet

4 EL Brandy

1 Knoblauchzehe, zerdrückt

1 EL frische Petersilie, gehackt

375 g Hühnerschenkel, ohne Knochen

750 g Schweineschmorbraten

8 Streifen Speck, fett

200 g Rahmkäse

125 ml Sahne

2 Eier, geschlagen

Schale einer unbehandelten halben Zitrone, geraspelt

1 EL frischer Schnittlauch, gehackt

Salz und frisch gemahlener schwarzer Pfeffer

Garnierung

Aspik (siehe Seite 76)
Schnittlauchhalme
Verzierungen aus roter Paprikaschote und Ei
(siehe Seite 36 und 67)
Blumen aus Frühlingszwiebeln (siehe S. 38)

Zubereitung

● Die Hühnerbrustfilets 2 Stunden in Brandy, Knoblauch und der Hälfte der Petersilie marinieren.

● Herd vorheizen, Hühnerschenkel, Schwein und Speck kleinschneiden. Mit dem Käse, der Sahne, den Eiern und der Zitronenschale mischen. Petersilie, Schnittlauch und die Hühnermarinade zugeben. Gut würzen.

● Die Fleischfüllung und die Hühnerbrustfilets abwechselnd in eine leicht eingefettete Terrine schichten. Dabei 3 Lagen Fleischfüllung und 2 Lagen Hühnerbrustfilets einplanen.

● Abdecken und ca. 1,5–2 Stunden in einer Bratpfanne mit Wasser braten.

● Abkühlen lassen, mit einem Gewicht beschweren und mindestens einen Tag kühlen.

● Zum Garnieren den Inhalt der Terrine auf ein Kuchengitter zum Kühlen stürzen. Das Gericht mit kaltem, halbfestem Aspikgelee überziehen. Die Oberfläche mit Schnittlauchhalmen, Formen aus roter Paprikaschote und Ei verzieren, und das Ganze nochmals mit Aspik überziehen. Mit Salat und Blumen aus Frühlingszwiebeln servieren.

Krabbenkuchen

Für 6-8 Personen

Dieser Kuchen verbirgt seinen Inhalt unter einer raffinierten Garnierung. Man kann ihn mit neuen Kartoffeln oder Tomaten als Mittagessen reichen.

Zutaten

1 mittelgroße Gurke

Salz und frisch gemahlener schwarzer Pfeffer

185 g frisches Krabbenfleisch (Nordseekrabben), dunkel

150 ml Béchamelsauce (siehe Seite 108)

50 g weiche Butter

1–2 EL Sahne, leicht geschlagen

150 g Mayonnaise

185 g frisches Krabbenfleisch (Grönlandkrabben), hell

1 Kuchenboden, 23 cm ø

Garnierung

2 Eier, hartgekocht
frische Petersilie, gehackt

Zubereitung

● Gurke schälen und in dünne Scheiben schneiden. Großzügig mit Salz bestreuen und zwischen zwei Tellern 30 Minuten ziehen lassen. Abtropfen lassen, mit Eiswasser spülen, trocknen und pfeffern.

● Das dunkle Krabbenfleisch unter die kalte Béchamelsauce rühren. Butter und Sahne zugeben. Nach Geschmack würzen.

● Mayonnaise und helles Krabbenfleisch mischen. Nach Geschmack würzen.

● Auf den Kuchenboden je eine Schicht dunkles Krabbenfleisch, Gurkenscheiben und helles Krabbenfleisch füllen.

● Den Kuchen mit passiertem Eigelb, gehacktem Eiweiß und Petersilie garnieren (siehe Seite 66).

Gebratenes Rind mit Ingwer

Gebackener Fisch mit Limonen-Kräuter-Butter

Gebratenes Rind mit Ingwer

Für 3-4 Personen

Dieses Rezept ist besonders wandlungsfähig. Fleisch und Gemüse können je nach Verfügbarkeit variiert werden. Als Pfannengericht ist es leicht und schnell zubereitet. Das Fleisch erhält durch das Marinieren einen ausgezeichneten Geschmack.

Zutaten

375 g Beefsteak, mager, vorzugsweise Filet

2 Knoblauchzehen

2,5 cm frische Ingwerwurzel, geschält

90 ml Sojasauce

4 EL Sherry, trocken

1 TL Stärkemehl

225 g Mischgemüse (junge Maiskolben, Zuckerschoten, rote Paprikaschoten, Frühlingszwiebeln, chinesische Pilze, alles in gleich große Stücke geschnitten)

2 EL Erdnußöl

Garnierung

Kringel aus Frühlingszwiebeln (siehe Seite 39)

Zubereitung

● Fleisch vom Fett befreien und entgegen der Faserung in dünne Scheiben schneiden. In einem flachen Gefäß in einer Lage arrangieren.

● Ingwer und Knoblauch fein hacken. Die eine Hälfte des Ingwers aufbewahren, die andere mit dem Knoblauch über das Fleisch streuen. Sojasauce und Sherry zugeben. Abdecken und 10-12 Stunden oder über Nacht im Kühlschrank marinieren, dabei mindestens einmal rühren.

● Fleisch abseihen, die Marinade aufbewahren. Fleisch im Stärkemehl wenden. Eine große Bratpfanne stark erhitzen. 1 EL Öl in die Pfanne geben. Wenn das Öl sehr heiß ist, das Fleisch zugeben. Unter Rühren 2 Minuten anbraten, vom Herd nehmen und warm halten.

● Pfanne mit Haushaltspapier auswischen und das restliche Öl zugeben. Wenn das Öl heiß ist, den übrigen Ingwer und das vorbereitete Gemüse 2 Minuten darin rühren.

● 2 EL Marinade und 2 EL heißes Wasser zugeben. Fleisch zurück in die Pfanne geben und das Ganze kurz umrühren.

● Auf einer heißen Platte sofort servieren. Zuvor mit Kringeln aus Frühlingszwiebeln garnieren. Dazu einfachen, gekochten Reis reichen.

Gebackener Fisch mit Limonen-Kräuter-Butter

Für 4 Personen

Der feine Geschmack von Fenchel und Limone paßt wunderbar zu Seebarbe, Red Snapper oder Regenbogenforelle.

Zutaten

50 g Butter

4 mittelgroße Fische oder 1 großer Fisch, gesäubert

1 TL Fenchelsamen

2 Limonen

300 ml mittelsüßer Rotwein

Salz und frisch gemahlener schwarzer Pfeffer

Garnierung

4 Limonenkörbe (siehe Seite 20)
frische Kräuterbutter (siehe Seite 72)
Kartoffelbällchen (siehe Seite 53)

Herdtemperatur: 200 °C/Gas 6

Zubereitung

● Herd auf 200 °C vorheizen. Ein feuerfestes, niedriges Gefäß leicht mit Butter einfetten. Den Fisch hineinlegen und mit der restlichen Butter betupfen. Fenchelsamen darüber streuen.

● Mit einem Gemüseschäler einige Streifen von der Limonenschale abschneiden und um den Fisch herum arrangieren. Limonensaft und Wein über den Fisch gießen.

● Gut salzen und pfeffern. Mit Folie abdecken und 25 Minuten backen, bis der Fisch gar ist und leicht zerfällt, wenn er mit einer Messerspitze berührt wird.

● Den Fisch mit einem Teil seines Saftes servieren. Mit einer Scheibe frischer Kräuterbutter (Fenchel oder Petersilie) bedecken. Mit einem Limonenkorb, einigen Kartoffelbällchen und Fenchel- oder Dillzweigen garnieren.

Variante: Statt Limonen und Wein Orangen und Wermut verwenden.

Scharf gewürzte Lammkebabs

Für 4 Personen

Dieses Gericht stammt aus dem Nahen Osten. Die Kebabs können ein bis zwei Tage im voraus zubereitet werden. Dadurch können Sie eine Party in aller Ruhe vorbereiten.

Zutaten

60 g Naturjoghurt
2 EL Zitronensaft
2 EL Öl
frischer Ingwer, 2,5-cm-Stück, geschält, feingerieben
1 Knoblauchzehe, zerdrückt
1 TL Kreuzkümmel, gemahlen
½ TL Koriander, gemahlen
¼ TL Muskatnuß, gerieben
¼ TL Zimt, gemahlen
1 TL Salz
750 g Lamm, mager, in 2,5 cm breite Würfel geschnitten

Garnierung

1 EL Mandeln, in Scheiben (siehe Seite 78)
frische Korianderzweige
4 Zitronen- und Limonenkringel (siehe Seite 16)
4 Pappadam-Körbe (siehe Seite 59)

Zubereitung

● Die ersten zehn Zutaten in einer großen Schüssel gründlich mischen. Die Lammwürfel unter diese Mischung heben und dabei gut mit der scharfen Marinade überziehen. Abdecken und 6–12 Stunden (oder über Nacht) kühlen, gelegentlich wenden.

● Fleisch abtropfen lassen. Marinade aufbewahren. Fleisch auf vier Spieße aus Holz oder Metall spießen. 15–20 Minuten grillen, bis das Fleisch gar ist. (Kebabs mit der übrigen Marinade bestreichen und häufig wenden, damit sie gleichmäßig gegrillt werden.)

● Kebabs auf einem Safranreisbett servieren. Mandeln über die Kebabs streuen. Jeden Spieß mit einem frischen Korianderzweig, einem Zitronen- und einem Limonenkringel und einem knusprigen Pappadam-Korb, der mit Tomaten-, Gurken- und Zwiebelwürfeln gefüllt ist, garnieren.

Wiener Schnitzel

Für 4 Personen

Das Wiener Schnitzel ist eine Spezialität aus Österreich, die einfach zuzubereiten ist. Die hier vorgeschlagene Garnierung hat eine lange Tradition. Wenn Kalbfleisch nicht erhältlich ist, kann es durch Schweinefleisch ersetzt werden.

Zutaten

4 dünne Kalbsschnitzel (Schweineschnitzel) à 125 g
Mehl, mit 1 Prise Salz gewürzt
1 Ei, geschlagen
Semmelbrösel
1 EL Öl
50 g Butter
1 EL Zitronensaft

Garnierung

4 Zitronenscheiben mit Einkerbungen (siehe Seite 15)
4 Sardellenfilets
4 TL Kapern, gehackt
frische Petersilie, feingehackt
4 Zitronen, in einem Beutel verpackt (siehe Seite 19)

Zubereitung

● Die Schnitzel zwischen zwei Schichten Backpapier oder zwei Klarsichtfolien legen und durchklopfen. Mit Mehl bestäuben, in Ei wenden und mit Semmelbröseln panieren. Überschuß abschütteln.

● Öl und Butter in einer großen Bratpfanne erhitzen. Die bessere Seite der Schnitzel zuerst braten, bis sie goldbraun ist, dann wenden und die zweite Seite braten. Bei verringerter Hitze weitere 3–4 Minuten braten. Schnitzel auf einen heißen Servierteller legen.

● Zitronensaft unter den Saft in der Pfanne rühren. Um jedes Schnitzel herum verteilen.

● Jedes Schnitzel mit einer eingekerbten Zitronenscheibe, einem Sardellenfilet und einigen gehackten Kapern garnieren. Mit Petersilie bestreuen. Die im Beutel verpackten Zitronen, deren Saft über dem Schnitzel ausgepreßt wird, dazu reichen.

Schweinelende »Normandie«

Für 4 Personen

Jedes Rezept, das nach der Normandie benannt ist, enthält in seiner Zutatenliste frische Sahne, Äpfel und wenigstens eine Spur von Calvados. Auch dieses Rezept bildet hierbei keine Ausnahme. Das delikate Schweinefleisch und die cremige Apfelsauce ergeben zusammen einen unwiderstehlichen Geschmack.

Zutaten

1 EL Öl

15 g Butter

750 g Schweinelende, entbeint, gerollt und mit Küchengarn gebunden

2 mittelgroße Zwiebeln

2 Dessertäpfel, geschält, entkernt und in Scheiben geschnitten

3 EL Calvados

1 EL Mehl

375 ml Hühnerbrühe

125 ml Sahne

Salz und frisch gemahlener schwarzer Pfeffer

Garnierung

Pochierter Apfel (siehe Seite 27)
Bündel à la Julienne (siehe Seite 54)
Brunnenkresse oder Salbeiblätter

Herdtemperatur: 180 °C/Gas 4

Zubereitung

● Herd vorheizen. Öl und Butter in einer feuerfesten Kasserolle erhitzen. Die Schweinelende von allen Seiten gut braten, bis sie eine goldbraune Farbe angenommen hat. Auf einen Teller legen.

● Zwiebeln fein hacken und im heißen Fett andünsten. Äpfel zugeben und weitere 5 Minuten köcheln, bis die Mischung goldgelb ist.

● Schweinelende in die Kasserolle zurückgeben und mit dem Calvados flambieren. Calvados am besten in einem großen Schöpflöffel erhitzen, anzünden und vorsichtig über das Fleisch gießen. Flammen ersticken lassen. Danach ist der scharfe Alkohol verdunstet, und ein köstlicher Geschmack bleibt zurück.

● Mehl unter den Saft rühren. Brühe nach und nach zugeben und würzen. Zugedeckt 1,5–2 Stunden köcheln lassen.

● Vor dem Servieren das Fleisch herausnehmen, in Scheiben schneiden und warm halten. Den Saft von der Kasserolle in eine kleine Pfanne gießen. Falls notwendig, den Saft bei großer Hitze einköcheln lassen, dann die Sahne unterrühren. Einige Minuten leicht erhitzen. Nach Geschmack würzen.

● Die Sauce über die Fleischscheiben gießen. Mit pochierten Äpfeln, Bündeln à la Julienne und einem Zweig Brunnenkresse oder frischen Salbeiblättern garnieren.

Orangen-Estragon-Hühnchen

Für 4 Personen

Estragon ist die klassische Ergänzung zu Huhn. Auch zu dieser Kasserolle mit Orange paßt er hervorragend.

Zutaten

25 g Butter
2 EL Öl
4 Hühnerbrüstchen, entbeint, jedes ca. 175 g schwer
1 große Zwiebel, feingehackt
250 ml Orangensaft
150 ml Hühnerbrühe
4 Zweige frischer oder 1 EL getrockneter Estragon
1 EL Stärkemehl
150 ml Sauerrahm

Garnierung

4 Zweige frischer Estragon
1 große Orange, à la Julienne und in Spalten (s. Seiten 21 u. 22)
8 Blumenornamente aus Teig (siehe Seite 62)

Zubereitung

● Butter und Öl in einer hitzebeständigen Kasserolle erhitzen. Das Hühnchen sorgfältig von allen Seiten anbraten und die Haut entfernen.

● Zwiebel 2–3 Minuten in der Kasserolle andünsten. Orangensaft, Hühnerbrühe, Wasser und gehackten Estragon unterrühren. Zum Kochen bringen und das Huhn in die Kasserolle zurücklegen. Abgedeckt bei verringerter Hitze leicht köcheln lassen. 1 Stunde braten, bis das Huhn gar ist.

● Stärkemehl und 2 EL Wasser mischen und in die Kasserolle geben. Zum Kochen bringen und rühren, bis die Sauce gut vermischt und eingedickt ist. Hitze abschalten und den Sauerrahm zugeben. Einige Minuten erwärmen.

● Hühnerbrüstchen auf einzelne, heiße Servierteller legen. Sauce über das Hühnchen gießen.

● Huhn mit Orange Julienne garnieren. Den Tellerrand mit den aufgefächerten Orangenspalten und frischen Estragonzweigen verzieren. Zuletzt zwei Blumenornamente aus Teig auf jedem Teller arrangieren und sofort servieren.

Dieses Gericht kann tiefgekühlt werden.

Zartes Lamm mit Senfglasur

Für 4 Personen

Zutaten

8 runde Lammfleisch-Stücke, jedes ca. 50 g schwer

Salz und frisch gemahlener schwarzer Pfeffer

8 Brotscheiben, 5 mm dick, 1 Tag alt

1 EL Öl

50 g Butter

1 Knoblauchzehe, zerdrückt

2 EL grobkörniger Senf

4 TL brauner Rohrzucker

125 ml trockener Rotwein

Garnierung

Pilzhüte (siehe Seite 51)
4 Zucchiniboote (siehe Seite 48)
4 Minzzweige

Zubereitung

● Grill auf mittlerer Stufe vorheizen. Überschüssiges Fett vom Fleisch lösen und würzen.

● Aus den Brotscheiben 8 runde Stücke ausstechen oder -schneiden, die etwas größer sind als die Fleischstücke (siehe Seite 58).

● Öl und 45 g Butter in einer Bratpfanne erhitzen. Knoblauch zugeben und 1 Minute sautieren. Fleisch im heißen Fett braten, bis sich die Poren schließen. Jede Seite einige Minuten braten. Vom Herd nehmen.

● Die Croûtes im Fett, das in der Pfanne verblieben ist, leicht anbraten, bis sie knusprig und gleichmäßig braun sind. Auf Haushaltspapier abtropfen lassen und warm halten. Die Pilzköpfe für die Garnierung leicht sautieren. Warm halten.

● Senf und Zucker vermengen.

● Eine Seite der Fleischstücke 2 Minuten grillen. Die Senfmischung auf der anderen Seite verteilen und weitere 2–3 Minuten braten, bis das Fleisch gebräunt und gut überzogen ist. Während der Fleischzubereitung das Gemüse für die Garnierung kochen.

● Inzwischen den Rotwein und die restliche Butter in die Bratpfanne geben und rühren, bis die Mischung eingedickt ist. Nach Geschmack würzen.

● Zwei Lammstücke auf je einer Brotkruste auf dem Servierteller anrichten. Den Saft aus der Pfanne über jedes Fleischstück träufeln. Jeden Teller mit einigen Pilzköpfen, einem Minzzweig und einem Zucchiniboot, das mit kleinen Gemüsestückchen gefüllt ist, garnieren.

GRUNDREZEPTE

Béchamelsauce

Ergibt ca. 300 ml

Zutaten

300 ml Milch

1 kleines Lorbeerblatt

1 Zweig frischer Thymian

$^1/_2$ kleine Zwiebel

1 Blatt der Muskatblüte

6 schwarze Pfefferkörner

25 g Butter

25 g Mehl

Salz und frisch gemahlener weißer Pfeffer

Zubereitung

● Milch, Lorbeerblatt, Thymian, Zwiebel, Muskatblüte und Pfefferkörner in eine Pfanne geben. Langsam zum Kochen bringen, vom Herd nehmen, zudecken und 15–20 Minuten ziehen lassen.

● Eine Mehlschwitze herstellen: Butter in einer anderen Pfanne zerlassen, Mehl unterrühren und 2–3 Minuten köcheln lassen.

● Milch durch ein feines Sieb passieren und langsam unter die Mehlschwitze rühren. Zum Kochen bringen, ständig rühren, dann 2–3 Minuten ziehen lassen. Nach Geschmack würzen.

Brandteig

Dieser Teig ist eine französische Spezialität – er ist leicht, knusprig und luftig und schmeckt am besten frisch zubereitet. Beim Backen sollte er das Dreifache seiner ursprünglichen Größe erreichen. Wenn er gelingen soll, dürfen Sie den Ofen während des Backens nicht öffnen.

Zutaten

65 g Mehl

---

1 Prise Salz

---

50 g Butter

---

150 ml Wasser

---

2 Eier, geschlagen

Herdtemperatur: 220 °C/Gas 7

Zubereitung

● Herd vorheizen. Mehl und Salz auf ein Stück Backpapier sieben.

● Butter und Wasser in einer Pfanne bei mäßiger Hitze verrühren, bis die Butter geschmolzen ist.

● Die Mischung zum Kochen bringen, Herdplatte ausschalten und das Mehl auf einmal in die Pfanne geben. Schnell mit einem Holzlöffel umrühren, bis das Mehl die gesamte Flüssigkeit aufgenommen hat und ein kugelförmiges Gebilde entstanden ist.

● Die Eier langsam unterrühren, bis der Teig glänzt und dickflüssig genug ist, um seine Form zu bewahren.

● Die gewünschten Formen auf ein gefettetes, feuchtes Backblech spritzen oder löffeln. Falls gewünscht, mit geschlagenem Ei und Milch glasieren.

● Backen, bis die Formen knusprig, goldgelb und aufgegangen sind. Jedes Stück anstechen, damit der Dampf entweicht. Auf einem Kuchengitter auskühlen lassen.

Variante: Bei süßem Brandteig das Salz durch 1 TL sehr feinen Zucker ersetzen.

Essig-Dressing

Zutaten

125 ml Olivenöl

---

4 EL Rot- oder Weißweinessig

---

1 $\frac{1}{2}$ TL Senfpulver

---

je $\frac{1}{2}$ TL Salz, frisch gemahlener schwarzer Pfeffer und Zucker

Zubereitung

● Alle Zutaten vermischen oder in einem Glas mit Schraubverschluß schütteln, um eine Emulsion herzustellen.

Varianten: Je nach Salatzutaten kann jede der folgenden Zutaten zum Grunddressing zugefügt werden:

● 1–2 Knoblauchzehen, zerdrückt
● 2 EL frischer Estragon oder Schnittlauch, gehackt
● 1 TL Sardellenpaste (zu kaltem Fisch)
● je 2 EL frische Petersilie und Zwiebel

Speisearten und Garniervorschläge

Hier sind die Garnierungen aufgeführt, die zu den verschiedenen Speisekategorien passen. Die Liste ist jedoch nur als Vorschlag gedacht.

Suppen

Orange Julienne	22
Karotten- und Gurkenkringel	32
Salat au Chiffon	33
Grüne Bänder aus Lauch	50
Mohrenköpfe aus Käse	57
Croûtons und Croûtes	58
Fürstliche Eier	68
Legiertes Ei	69
Pfannkuchenstreifen	70
Kräuter	77
Knusprige Speckstückchen	80
Salatschüssel aus Eis	81

Salate & Gemüse

Limonenkorb	20
Orangenspalten	21
Orange Julienne	22
Apfelpfingstrose	24
Kiwifächer	25
Ananasscheiben mit Nüssen	28
Carambola (sternförmige Frucht)	30
Karotten- und Gurkenkringel	32
Peperoniblumen	33
Gurkenfächer und -lilien	34
Knospe und Margerite aus Radieschen	35
Grüne, rote und gelbe Paprikaschoten	36
Blumen aus Frühlingszwiebeln	38
Kringel und Bögen aus Frühlingszwiebeln	39
Tomatenkrabben	40
Tomatenrose	41
Tomatentulpe	42
Zwiebelringe	43
Zwiebelchrysantheme	43
Rettichblume	44
Spargelspitzen mit Parmaschinken	46
Fritierte Sellerieblätter	47
Zucchiniboote	48
Kringel aus Rettich	49
Grüne Bänder aus Lauch	50
Pilzhüte	51
Kartoffelkörbe und -nester	52
Gemüsespiralen	54
Croûtons und Croûtes	58
Pappadam-Körbe	59
Garnierungen mit gehacktem Ei	66
Eierblumen	67
Butter mit besonderen Zusätzen	72
Butterkugeln	73
Butterröllchen	74
Aspik	76
Kräuter	77

Nüsse	78
Knusprige Speckstückchen	80

Hors d'œuvres & Appetithappen

Zitronenfächer, gedreht	17
Zitrone, in einem Beutel verpackt	19
Limonenkorb	20
Kiwifächer	25
»Weintrauben« aus Melone	26
Karotten- und Gurkenkringel	32
Gurkenfächer und -lilien	34
Knospe und Margerite aus Radieschen	35
Grüne, rote und gelbe Paprikaschoten	36
Blumen aus Frühlingszwiebeln	38
Kringel und Bögen aus Frühlingszwiebeln	39
Tomatenkrabben	40
Tomatenrose	41
Tomatentulpe	42
Rettichblume	44
Spargelspitzen mit Parmaschinken	46
Zucchiniboote	48
Kringel aus Rettich	49
Schwäne aus Brandteig	63
Garnierungen mit gehacktem Ei	66
Eierblumen	67
Aspik	76
Kräuter	77
Nüsse	78
Speckröllchen	79
Räucherlachskegel	82
Kleine Kebabs	83

Teigwaren, Reis & Kartoffeln

Zitronenhälfte mit Knoten	14
Karotten- und Gurkenkringel	32
Peperoniblumen	33
Gurkenfächer und -lilien	34
Grüne, rote und gelbe Paprikaschoten	36
Blumen aus Frühlingszwiebeln	38
Kringel und Bögen aus Frühlingszwiebeln	39

Tomatenkrabben	40
Tomatenrose	41
Tomatentulpe	42
Pilzhüte	51
Kartoffelstreichhölzer	51
Kartoffelkörbe und -nester	52
Kartoffelbällchen	53
Bündel à la Julienne	54
Butter mit besonderen Zusätzen	72
Butterkugeln	73
Butterröllchen	74
Kräuter	77
Knusprige Speckstückchen	80
Kleine Kebabs	83

Käse- und Eiergerichte

Pochierte Birnen	27
Grüne, rote und gelbe Paprikaschoten	36
Essiggurkenfächer	38
Blumen aus Frühlingszwiebeln	38
Kringel und Bögen aus Frühlingszwiebeln	39
Tomatenkrabben	40
Tomatenrose	41
Tomatentulpe	42
Zwiebelringe	43
Zwiebelchrysantheme	43
Spargelspitzen mit Parmaschinken	46
Fritierte Sellerieblätter	47
Zucchiniboote	48
Grüne Bänder aus Lauch	50
Pilzhüte	51
Bündel à la Julienne	54
Knusprige Brotbehälter	56
Teighörnchen	64
Garnierungen mit gehacktem Ei	66
Eierblumen	67
Aspik	76
Kräuter	77
Nüsse	78
Speckröllchen	79
Knusprige Speckstückchen	80
Räucherlachskegel	82
Kleine Kebabs	83

Pasteten, Terrinen & Schaumspeisen

Zitronenscheiben mit Einkerbungen	15

Tomatenkrabben	40
Tomatenrose	41
Tomatentulpe	42
Pilzhüte	51
Kartoffelstreichhölzer	51
Kartoffelkörbe und -nester	52
Kartoffelbällchen	53
Bündel à la Julienne	54
Butter mit besonderen Zusätzen	72
Butterkugeln	73
Butterröllchen	74
Kräuter	77
Knusprige Speckstückchen	80
Kleine Kebabs	83

Zitronenkringel und -kegel	16
Zitronenschmetterlinge	17
Zitronenfächer, gedreht	17
Zitrone in Schwanenform	18
Limonenkorb	20
Orangenspalten	21
Apfelpfingstrose	24
Kiwifächer	25
»Weintrauben« aus Melone	26
Glasierte Johannisbeeren	29
Carambola (sternförmige Frucht)	30
Karotten- und Gurkenkringel	32
Peperoniblumen	33
Gurkenfächer und -lilien	34
Knospe und Margerite aus Radieschen	35
Grüne, rote und gelbe Paprikaschoten	36
Essiggurkenfächer	38
Blumen aus Frühlingszwiebeln	38
Kringel und Bögen aus Frühlingszwiebeln	39
Tomatenkrabben	40
Tomatenrose	41
Tomatentulpe	42
Zwiebelringe	43
Zwiebelchrysantheme	43
Rettichblume	44
Spargelspitzen mit Parmaschinken	46
Kringel aus Rettich	49
Pilzhüte	51
Schwäne aus Brandteig	63
Garnierungen mit gehacktem Ei	66
Eierblumen	67
Aspik	76
Kräuter	77
Nüsse	78
Räucherlachskegel	82

Feingebäck & Kuchen

Zitronenscheiben mit Einkerbungen	15
Zitronenkringel und -kegel	16
Zitronenschmetterlinge	17
Zitronenfächer, gedreht	17
Zitrone in Schwanenform	18
Gurkenfächer und -lilien	34
Blumen aus Frühlingszwiebeln	38
Kringel und Bögen aus Frühlingszwiebeln	39
Teiggarnierungen für Pasteten	60
Blumenornamente aus Teig	62
Teighörnchen	64
Garnierungen mit gehacktem Ei	66
Eierblumen	67
Aspik	76

Register